시간을 선택하는 기술
블럭식스

시간을 선택하는 기술

블럭식스

내 일상의 황금비율을 찾는 하루 6블럭 시간 관리 시스템

정지하(룩말) 지음

한스미디어

일러두기

이 책에 등장하는 '블럭식스'는 저자가 고안하여 만든 용어이자 상표 등록된 브랜드로, 이 책에서 '블럭식스'는 저자의 핵심 철학이 담긴 고유 명사로서 쓰였다. 이에 따라, 본디 표준국어대사전 외래어 표기법에 의하면 '블록'이라고 표기해야 하나 독자의 이해를 돕기 위해 '블럭'으로 표기하였다.

이 책은 새벽 기상을 해야 한다고 말하지 않습니다.

이 책은 더 많은 일을 잘 해내자고 말하지 않습니다.

이 책은 더 열심히 살아야 한다고 말하지 않습니다.

저는 이 책을 다음과 같은 마음으로 써내려갔습니다.

진심을 다해서 말이죠.

이 책을 통해 당신이 편안하다고 느낄 수 있는 시간의 밸런스를 찾기를 바랍니다.

이 책을 통해 당신이 어떤 인생을 살기 원하는지 알 수 있기를 바랍니다.

이 책을 통해 당신이 원하는 인생을 선택하는 용기를 얻을 수 있기를 바랍니다.

이 책을 통해 당신이 스스로를 지킬 수 있는 힘을 기를 수 있기를 바랍니다.

이 책을 통해 당신이 스스로를 자유롭게 하기를 바랍니다.

하루를 6블럭으로 나누는 블럭식스의 단순함이

당신을 도와줄 것입니다.

프롤로그
블럭식스, 쓸데없는 것은 줄이고
하고 싶은 것에 집중하는 삶을 사는 비결

"이 중에 어떤 것이 가장 중요한 일인가요? 무엇을 먼저 하는 게 좋을까요?"

"다 중요하지. 다 1순위야. 전부 일정대로 가져와."

이 말을 듣는 순간이 아마 내가 퇴사를 결심한 첫 순간일지도 모르겠다. 직원들이 지금 무슨 일을 얼마나 하는지도 모르고, 일 욕심에 자꾸 새로운 일을 가져오는 상사와 일해본 적이 있는가? 일의 우선순위를 결정하지 못하는 상사, 일에 걸리는 현실적인 시간을 파악하지 못하는 상사의 지시는 폭력과도 같다.

상사 욕할 것 없다. 내 플래너를 들여다보자. 우선순위 없이 온갖 하고 싶은 것들로 가득 찬 플래너. 내 체력을 무시하고 가득 잡아놓은 약속, '언젠가 들어야지'하고 결제만 해둔 쌓여가는 온라인 강의들, 언젠가 읽으려고 '나에게 보내기' 톡으로 보내둔 수많은 기사와 칼럼들, 핫딜가로 떠서 결제해둔 미술 전시회 등으로 가득하지는 않은지. 나는 나 스스로의 상사이기도 한데, 나라는 직원에게 노동청에 고발당할 만한 요구를 하고 있지는 않은가? 우선순위 없이 수많은 일을 시켜놓고, 새벽 기상까지 해야겠다고 시동 걸고 있지는 않은가? 이 책은 물욕은 줄여도 하고 싶은 것은 못 줄이는 나와 같은 사람들을 위해 쓴 글이다.

평생을 '하고잡이'로 바쁘게 사는 것에 희열을 느꼈던 나였다. '하고잡이'란 뭐든 하고 싶어 하고, 일을 만들어서 하는 성향의 사람을 말한다. 그러던 내가 미니멀라이프를 만났고, 물건은 사는 것뿐만 아니라 비우는 것도 즐거운 것임을 알게 되었다. 그러나 곧 고비가 찾아왔으니! 물욕은 줄일 수 있었지만, 하고 싶은 것은 좀처럼 줄이기 어려웠던 것이다.

집 안의 빈 공간을 보았을 때 느꼈던 여유를 내 시간에서도 느끼고 싶어, 여러 차례 시간에도 비움을 적용하려 시도해보았다. 그러나 눈에 보이는 물건도 정리하기가 힘든데, 눈에 보이지 않는 시간은 더욱 비우고 정리하기가 어려웠다.

11년 동안 병원에서 일하며 병원 시스템 구축 업무로 단련된 나는 개인적 삶에 병원에서 배운 시스템들을 도입해보기 시작했다. 해야 할 것도 정말 많고, 그중 하나라도 잊으면 심각한 오류로 이어질 수 있는 병원 시스템을 만들 때, 늘 주의를 기울여야 하는 것은 '잊으면 안 되는 모든 것을 강조하지 않는 것'이다. 놓치지 않아야 할 것들을 모두 강조하다 보면 누더기 같은 시스템이 되어버리고 만다. 어느 것 하나 눈에 띄지 않고, 의도대로 실행되지 않는다. 그런데 이와 같은 오류가 개인적인 내 삶에도 들어와 있었다니!

열심히 살아보고자 시간 단위·분 단위로 적은 계획표는 오히려 어느 하나 제대로 지키지 못하게 하고 있었다. 나쁜 프로세스는 언젠가 반드시 나쁜 결과를, 좋은 프로세스는 좋은 결과를 만든다고 믿는다. 내 인생에도 좋은 프로세스의 도입이 시급했다.

시간 단위·분 단위 계획을 다 지워버리고, 하루를 큼지막하게 6블럭으로 나누었다. 오전 2블럭, 오후 2블럭, 저녁 2블럭. 블럭은 단 6개. 그 안에 해야 할 것과 하고 싶은 것을 채워 넣었다.

시간이 한정되어 있다는 것이 눈에 보이니 자연스럽게 내가 하고 싶은 것들 사이에서 '이상형 월드컵'이 벌어졌다. 욱여넣어봐야 지켜지지 않을 것이 뻔했기 때문에 하나를 골라야만 했다. MRI 예약을 잡을 때, 정해진 환자 수 이상 넣어봐야 뒷사람의 검사 시간만 점점 미뤄질 뿐이다. 블럭식스 시간 관리법을 꾸준히 사용하면서 비로소

나는 비울 것과 남길 것을 선택할 수 있었다. 그렇게 해서 남은 것들은 정말 내가 해야 하고, 하고 싶은 것들이었기 때문에 예전보다 훨씬 더 집중할 수 있었고, 여유롭게 즐길 수 있었다. 블럭식스 시간 관리법은 내 인생을 바꾸기 시작했다.

회사를 다니며 취미로 유튜브를 주 2회 이상 올릴 때, 퇴사를 고민하며 휘청일 때, 퇴사 후 남아도는 시간을 감당하지 못할 때도 상황은 바뀌었지만 내가 지금 해야 하는 것, 하고 싶은 것을 선택하는 데 블럭식스 시간 관리법은 꾸준히 도움이 되었다.

나에게만 이 방법이 도움이 되는 걸까? 매우 궁금했다. 동시에 다른 사람에게도 분명 도움이 될 것이라는 묘한 확신이 들었다. 그렇게 블럭식스 시스템을 이용한 시간 관리 모임인 '타임블럭크루'를 모았다. 현재 1년 반 넘게 운영하고 있으며, 200여 명의 타임블럭크루가 함께하고 있다. 20대의 대학생부터, 30~40대 직장인, 워킹맘, 예술가, 전업주부, 50대 사업가까지 다양한 타임블럭크루들의 삶 속에 하루 6블럭 시간 관리 시스템이 녹아들었다. 그들은 스스로 삶의 밸런스를 찾았고, 본인에게 더 중요한 것에 집중할 수 있게 되었다. 하루를 6블럭으로 시각화하고 시간을 선택하는 작은 도구를 만났을 뿐인데 말이다!

나는 다양한 나이와 직업의 타임블럭크루들의 변화를 돕고, 목격

했다. 나와 함께한 타임블럭크루들이 불과 2~3개월 만에 경험한 인생의 변화들을 더 많은 사람들이 느끼고, 자신의 진짜 삶을 찾기를 진심으로 바란다. 사람은 바뀌기 어렵다고 하지만, 좋은 시스템과 함께라면 컨트롤이 가능하다고 믿는다.

나 또한 블럭식스 시간 관리 시스템 덕분에 내가 원하는 삶에 다가가고 있다. 나는 사람들이 더 중요한 것에 시간을 쏟을 수 있도록 도움을 주는 콘텐츠를 만드는 사람이다. 유튜브를 키워가고, 타임블럭크루를 이끌고, 글을 쓴다. 그리고 그 모든 콘텐츠를 엮어 이렇게 책으로 만들게 되었다. 이것들이 무리 없이 가능하도록 하기 위해 운동을 하며 체력을 키우고, 책도 읽는다. 한편, 가족을 챙기는 것도 잊지 않는다. 그리고 변화하는 미래 흐름에 따라 나를 끊임없이 발전시키는 데도 시간을 할애하고 있다. VR 세상을 탐험하고, 정기적으로 쇼호스트에도 도전하고 있다.

예전 같으면 상상하지 못했을 성과다. 똑같이 바쁘지만 일만 벌리고 마무리가 제대로 안 되는 삶에서, 쓸데없는 것을 줄이면서 하고 싶은 것에 제대로 시간을 쏟는 삶으로 바뀌었다. 실속 없는 하고잡이에서 똑똑한 하고잡이로 변했다.

시간이 쌓일수록 더 많은 사람들에게 블럭식스 시간 관리 시스템을 알리고 싶다는 마음이 커졌다. 현대 사회를 살아가면서 시간 관리에서 자유로울 수 있는 사람은 거의 없을 것이다. '해야 하는 일'에 치여 '하고 싶은 것'을 잊고 살거나, 반대로 하고 싶은 것이 너무 많아 시간 관리에 어려움을 겪는 사람들이 블럭식스 시간 관리 시스템을 통해 '쓸데없는 것을 줄이고, 하고 싶은 것을 하는 삶'에 가까워지기를 진심으로 바란다.

2021년 11월

정지하(룩말)

목차

바쁘고
피곤하기만 했던
인생

1
하고잡이의
시간 관념

나는 '하고잡이'이다. '하고잡이'는 호기심이 많아 뭐든 하고 싶어 하는 사람. 또는 일을 만들어서 하는, 일 욕심이 많은 사람을 뜻한다. 워커홀릭(Workaholic) 이상의 의미로, 안테나가 다방면으로 항상 뻗어져 있는 상태의 사람이다. 여기까지만 읽어도 '어? 나도 그런데!' 하는 사람이 있다면, 하고잡이가 하고잡이를 위해 쓴 이 책을 집어 든 것을 환영한다!

이런 하고잡이인 내가 나에게 바라는 모습은 이러하다. 똑똑하고, 일도 잘하고, 옷도 잘 입고, 요즘 이슈에도 뒤떨어지지 않으며, 센스와 유머감각이 있고, 건강미가 넘치는 사람이다. 거기에 더해 타인도 잘 돕는 사람이고 싶다.

그래서 나는 늘 바빴다. 되고 싶은 내가 너무도 많았기에, 세상에는 나의 욕망을 건드리는 재미있는 것들이 널려 있었기 때문에, 그것들을 다 맛보고 다니느라 나는 늘 바빴다. 그때그때 맛보는 것들은 내가 더 멋진 사람이 되고 있다는 느낌을 주었다. 나는 이 꽃 저 꽃을 옮겨 다니는 꿀벌처럼 각양각색의 꿀맛을 탐험하느라 늘 바빴다.

그리고 나는 늘 갈망하는 상태였다. 상상으로 만나는 수많은 내가 매우 멋졌기 때문에, 지금의 나는 부족하게 느껴졌다. 그 부족함을 채우기 위해 나는 늘 무언가를 배우고 있었고, 늘 무언가를 사려고 검색하고 있었고, 늘 어디론가 가고 싶었다. 지금 여기가 아닌 더 멋진 곳으로 말이다. 이렇게 각양각색의 꿀맛에 취해 돌아다니는 나를 멈추지 못하게 하는 결정타가 있었으니, "너 정말 열심히 산다! 대단해!"라는 말이었다. 이따금씩 지인에게서 듣는 칭찬이 나는 묘하게 좋았다. 내가 잘 살고 있는 것처럼 느껴졌고, 제대로 된 길로 가고 있다는 것을 확인시켜주는 이정표처럼 여겨졌다.

수많은 점들이 모이고 모여, 언젠가는 선이 되고 면이 될 거라고 생각했다. 실제로 그렇게 된 것들도 몇 개 있지만, 대부분은 개연성 없는 각각의 점들이 여기저기 찍히고 있었다. 연결 지점이 모호한 점들, 서울-대전-대구-부산처럼 여기저기 뚝뚝 떨어진 곳들에 점을 찍고만 다니느라 바빴다. 이따금씩 나보다 덜 바쁘고, 여유를 즐기며 사는 사람들이 한 영역에 꾸준히 점을 찍으면서 선을 만들고, 면을 만들어 성과를 내는 것을 볼 때, 나는 충격에 휩싸이곤 했다. 그들을 꿀벌로 비유하자면, 그들은 아카시아 꿀만 꾸준히 모아 향이 좋고 값이 비싼 아카시아 꿀단지를 만드는 꿀벌이었다. 그들의 명품 꿀단지를 보면서 나는 자괴감에 빠지곤 했다.

'난 뭘 했지? 무얼 하느라 이렇게 바빴지?'

나는 정말 바쁘기만 하고, 제대로 어느 수준까지 오른 것들이 없었다. 그리고 무엇이 문제인지를 알게 되더라도, 그것을 바로잡을 힘도 없고, 이런 라이프스타일을 돌려세울 방법도 알 수가 없어, 나는 다시 잡꿀을 모으는 꿀벌 생활로 돌아갔다.

잡꿀을 모으는 꿀벌이었던 나는 회사에서는 '일 잘하는 사람'이라는 자아상을 가지고 있었다. 그래서 나에게 떨어지는 대부분의 일을 할 수 있다고 말했다. 업무 분장을 하는 회의 시간이었다. 누구 하나 '제가 할게요'라고 말하기 어려워하는 일을 두고 어색한 침묵이 흘렀다. 이 침묵을 참기 어려웠고, '해결사'라는 칭찬을 듣고 싶기도 하고, 실제로 '어떻게든 하게 되겠지' 하는 생각에 "제가 할게요"하고 덥석 일을 가져오기도 했다.

이런 나의 성격 때문에 덕을 본 것도 많고, 일도 많이 배웠지만 모든 것은 정도가 있는 법. 나는 거절을 모르는 꿀벌이었다. 거절을 모르는 꿀벌에게 예고된 미래는 '야근'뿐이다. 야근에, 야근에, 야근이 반복되자 나는 점점 업무량이 불공평하다는 불만에 빠지기 시작했다. 그리고 '역시 일 잘하는 사람한테 일이 몰리잖아!' 하는 어처구니없는 교만한 생각에까지 이르게 되었다. 프로젝트를 관리하는 엑셀시트가 가로로, 세로로 계속 늘어났다. 마침표를 찍는 일은 거의 없었다. 맡고 있는 일의 가짓수가 많으니, 각종 프로젝트를 찔끔찔끔 진행하게 될 뿐이었다. 내가 있던 부서는 경영진에게 보고하는 것들이 많았는데, 적당한 진행 경과를 대단한 성과처럼 있어 보이게 하는 문장 쓰기 능력만 늘고 있었다.

이런 상황은 업무 만족도마저 떨어지게 만들었다. 일에서부터 얻는 성장의 기쁨을 제대로 느낄 수가 없으니 당연한 일이었다. 야근은 계속하고, 일하는 시간은 많은데 내가 뭘 하고 있는지 모르는 상황이었다. 우선순위에 대한 민감도가 떨어지는 하고잡이 상사와 하고잡이 직원이 만나 최악의 시너지가 대폭발하던 시기였다.

늘 바쁘지만 일 만족도는 바닥인 '하고잡이'들의 악순환

이렇게 이것저것 다 가져와서 엉망이 되어버린 하고잡이의 악순환이 회사에서만 일어나는 일일까? 늦은 퇴근을 하고서도 하고잡이의 일상은 계속되었다. 오히려 '야근했으니!' 하는 보상심리 때문에 나는 내 작은 일상의 틈을 이것저것 다른 것들로 빼곡히 채웠다. 몇 번 가지도 못할 기타 수업에 등록하고, '이왕에'라는 마음으로 초보치고는 비싼 기타를 샀다. 그러나 이것저것들에 치여 기타는 수업을 몇 번 가고 잊혀졌다. 아직도 우리 집 옷장 위에는 겨우 C코드 몇 번 어설픈 손으로 잡히고는 검은 가방에 들어가 몇 년째 잠자고 있는 불쌍한 기타가 있다.

또한 주말 출근을 할 만큼 일이 많아 평소에는 친구를 만날 시간이 없으니, 기회가 생기면 내 체력을 간과하고 하루에 두 탕, 세 탕씩 약속을 잡았다. 오랜만에 친구들을 만났으니 대화에 집중하고, 웃어야 하는데, 두 번째 약속, 세 번째 약속에서는 피곤함에 좀처럼 대화에 집중하지 못했다. 점점 멍해지고, 한 박자씩 늦게 웃으며 자리를 지켰다. 그렇게 피곤한 몸을 이끌고 집으로 돌아와 쓰러지듯 자고, 다시 출근했다. 엉망이었다. 하지만 나는 그때도 무엇이 문제인지 알지 못했다.

또 하나 고백해야 할 부끄러운 시기가 있다. 돌이켜보면 이것저것 모두 손에 쥐려고 했던, 그래서 이도 저도 안 되던, 어리석음의 '끝판 왕'이었던 시기이다. 바로 대학원을 다닐 때의 일이다.

회사를 다니며 대학원을 다녔고, '룩말'이라는 유튜브 채널을 만들어 운영을 시작했고, 거기다 부업으로 유튜브 영상 외주 편집 일을 했다. 어떻게 이렇게 많은 일을 할 수 있었냐고 묻는다면, 이 중 하나 이상을 '대충' 하면 된다는 게 답이다. 무엇 하나는 제대로 하지 못하기에 가능한 스케줄이었다. 회사 생활 외에, 대학원·유튜브 채널 운영·유튜브 편집 외주 중 하나만 선택해도 벅찰 텐데, 이것이 어떻게 모두 100% 역량으로 가능할 수가 있겠는가! 고백하건대 그때 나에게 '대충'의 영역은 대학원이었다(교수님 죄송합니다).

대학원에 입학할 당시 데이터 분석과 통계를 배워, 내가 하는 일을 더 발전시켜보려는 욕심이 있었다. 그러나 3학기부터 유튜브에 빠져들었고, 내 인생의 궤도가 조금씩 바뀌고 있었다. 대학원에 지원했을 때의 마음과 다르게 점점 유튜브에 깊숙히 빠져들었고, 심지어 편집 능력을 인정받고 있다는 사실에 들떠서 영상 편집 부업까지 들어오는 대로 거절 없이 했다.

대학원 공부에 대한 의지와 마음이 예전 같지 않았고, 우선순위 자체가 완전히 후순위로 밀려났다. 시험을 보기 위한 최소한의 공부를 했고, 꾸역꾸역 논문을 썼다. 그 결과 내 손에 졸업장이 남기는 했으나, 나에게 별 의미가 없다. 그것을 써먹을 곳도 없고, 써먹을 수 있는 능력도 안 되었다.

그러던 중, 5학기 중 4학기 등록금을 낼 시기가 되어 '지금이라도 그만두는 것이 맞지 않나?'하고 스스로에게 질문했다. 대학원은 출석만 한다고 해도 많은 양의 시간, 돈, 에너지를 쏟아부어야 하는 스케줄이었다. 회사를 다니면서 대학원 수업시간에 맞춰 가는 것은 쉬운 일이 아니었다. 일주일에 두 번, 대학원을 가기 위해 회사에 출근시간보다 30분 이상 먼저 출근하고, 30분 일찍 퇴근하는 조건을 얻어냈다. 그럼에도 불구하고 초반에는 30분 일찍 간다는 이유로 반차를 써야 했다. 아무튼 상당히 눈치가 보이는 상황이었다. 회사에서 대학원까지 거리도 만만치 않아 가는 데 1시간, 마치고 집에 오면 밤 12시가 되어 있었다.

생각해보면 내 시간뿐만 아니라 남편의 소중한 시간도 지불되었다. 학교에서 집까지 대중교통을 타면 1시간 반 이상은 걸렸기 때문에, 일주일에 두 번 남편은 학교 앞에서 나를 기다렸다가 차로 태워서 집에 왔다. 지금 생각하면 나의 우선순위 없는 정신없는 라이프스타일로 나뿐만 아니라, 소중한 가족들의 에너지까지 빼앗은 셈이다.

그러는 사이 소실된 비용도 상당했다. 한 학기 등록금은 600만 원인데, 지금 멈추면 두 학기분의 등록금 1,200만 원을 아낄 수 있지만, 이미 낸 1,800만 원이 아깝게 느껴졌다. 가시적인 시간과 돈의 투입 양만 해도 어마어마했다. 그리고 그 시간에 남는 에너지로 다른 것을 하고 얻을 수 있었을 기회비용까지 추산하면 상당한 투자였다. 그럼에도 불구하고, 나는 어떠한 결정도 내리지 못하고 등록금을 냈다. 4학기도, 5학기도 말이다. 우선순위를 명확히 해서 대학원을 그때 그만두고 보전된 등록금 1,200만 원으로 K주식을 샀으면 오히려 더 낫지 않았을까?

상황은 바뀔 수 있고, 마음도 바뀔 수 있다. 그것 자체는 문제가 아니다. 문제는 바뀐 상황, 바뀐 마음에 대한 정리를 하지 않고, 계속 무엇인가를 더하기만 한다는 데 있다. 기준이 없고, 그때그때 갈망하는 것에 시선이 기울어지는 것을 두고 보는 것이 문제이다. 갈망하는 나를 모두 끌어안고 바쁘게만 사는 것이 문제이다. 바쁘게 사는 느낌에 취해 무엇이 문제인지조차 모르는 것이 문제이다.

'비우기'가 먼저라는 것을 알기 전까지 나는 꽤나 오랫동안 이렇게 살았다. 그게 잘 사는 것인 줄 알았다. 하고 싶은 것이 많아도 한 시기에 모든 것을 다 할 필요도 없고, 다 할 수도 없음을 이제는 안다. 하고 싶은 것을 잠시 멈출 줄 아는 것은 포기가 아니라, 오히려 더 중요한 것을 선택한 것이다.

단순히 바쁘기만 한 하고잡이에서, 압도적인 성과를 내면서 삶의 밸런스도 잡은 하고잡이로

나는 여전히 하고잡이이다. 사람은 쉽게 변하지 않는다. 그러나 나는 예전과 질적으로 차원이 다른 하고잡이다. 퇴사 후 2년 만에 단계적으로 성과를 내며 성장해나가고 있다. 유튜브를 꾸준히 하고 있고, 시간 관리 모임을 키웠다. 크라우드펀딩에 도전해 '블럭식스 시간 관리법'을 담은 〈블럭식스 플래너〉를 1,224% 후원이라는 결과를 이끌어내 성공을 거두었고, 올해는 지금까지 쌓아온 시간 관리 노하우를 엮어 책까지 출판하게 되었다. 이젠 나도 잡꿀이 아닌 명품 꿀단지를 만들 수 있는 능력이 생겨나고 있는 것이다.

인간관계에서도 마찬가지로 만남의 질이 높아졌다. 한 번을 봐도 오래 기억에 남는 만남들을 이어가고 있다. 만남에 충분히 집중하며, 의미 있는 대화로 시간을 채워나간다.

체력적 고갈도 쉽게 일어나지 않는다. 예전에는 체력이 고갈되는지도 모르고 돌아다니다가, 집에 돌아올 때쯤에는 작은 핸드백 무게조차 버겁게 느껴질 정도였다. 그 상태로 집에 들어와서는 시체처럼 누워 있는 것이 루틴이었다. 그러나 지금은 체력이 고갈되기 전에 미리 집에 들어와서 충전을 한다.

그러고는 혼자의 시간에 하고 싶은 것들을 한다. 삶의 전반적인 만족도가 높아진 것은 당연하다. 나는 여전히 하고잡이지만, 완전히 다른 삶을 살게 되었다. 나의 변화가 궁금하지 않은가? 당신도 조금씩 계단 오르듯 꾸준한 성과를 내고, 내적 만족감을 쌓아가는 행복한 하고잡이로 살고 싶지 않은가?

행복한 하고잡이가 되기 위해서는
비움이 필수다

잡꿀만 모으며 정신없이 바쁘기만 하던 내가 어떻게 아카시아 명품 꿀단지를 모으는 꿀벌로 변할 수 있었을까?

잡꿀이 담긴 꿀단지와 아카시아 꿀단지의 가장 큰 차이점은 '하나에 집중했는가' 하는 것이다. 성과를 내는 시간 관리의 핵심은 역시 '우선순위에 대한 선택과 집중'이다. 보이는 꽃마다 예쁘다며 홀려서 돌아다니지 않고, 아카시아 꽃을 최고 우선순위에 두고 다른 예쁜 꽃을 보더라도 외면하는 선택을 해야만 한다.

그렇다면 나는 어떻게 우선순위에 따라 선택할 수 있는 사람으로 변할 수 있게 되었을까? 누구나 선택과 집중이 중요하다는 것을 알지만, 그렇게 살지 못하는 사람이 많다. 나 또한 선택과 집중이 중요하다는 것은 십수 년째 머리로는 알고 있었다.

나에게 큰 변화를 가져다준 계기는 '물건 비우기'였다. 내가 하고 싶은 것만 많았을까? 아니다. 나는 가지고 싶은 것도 많은 사람이었다. 집 안을 둘러보면 나의 과거의 욕망과 현재의 욕망을 알 수 있는 물건들로 가득했다. 어느 순간부터 물건에 압도되어 살고 있다는 느낌을 받았고, '미니멀라이프'라는 것에 나도 도전해보고 싶어졌다.

그 불씨를 당긴 것은 일본의 미니멀리스트 사사키 후미오 씨의 사진 한 장이었다. 군더더기 없는 방에서의 평온함. 나도 그 평온함에 닿고 싶었다. 그렇게 나는 물건을 비우기 시작했고, 돌이켜보니 '비움'을 만난 것이 내 시간 관리의 시작이었다.

미니멀라이프를 처음 접하는 사람들이 대부분 그렇듯, 나는 비우는 것이 너무도 어려웠다. 이런 나에게 가장 큰 도움을 준 기준 하나는 '공간을 한정해두는 것'이었다. 정해진 공간 안에 들어갈 정도의 물건만 선택했고, 그 공간을 넘어가는 물건은 가차 없이 비우는 것이 기준이었다. 나는 이 기준에 따라 끊임없이 무엇을 버리고, 무엇을 내 곁에 남길 것인지에 대해 고민했다. 그리고 비웠다. 나는 이 과정을 꾸준히 반복하면서 시간 관리의 핵심 개념인 '우선순위에 따라 선택하는 법'을 실전 트레이닝한 셈이다.

이렇게 내 삶에 필요한 것과 그렇지 않은 것을 계속 저울질하고, 선택하고, 용기 내어 비우는 훈련 덕분에 내 인생의 큰 변곡점에서 중요한 선택을 내릴 수 있었다. 나는 퇴사를 선택했다.

우선순위, 내 인생에서
가장 중요한 것을 따져보는 훈련

어떻게 보면 '물건을 버리다가 회사까지 버렸다'라는 흐름이 다소 황당하게 느껴질지도 모르겠다. 하지만 나는 정말로 물건을 비우는 반복적인 경험을 통해 회사도 버리는 용기를 낼 수 있었다. 다시는 이전처럼 어떤 것에도 만족하지 못하는 일상으로 돌아가지 않기 위해 끊임없이 스스로에게 우선순위를 물었고, 치열한 대화 끝에 퇴사를 하고 나의 길을 가야겠다는 확신을 얻었다.

나는 어느 날부터 회사에서 주는 만족감이 상당히 떨어지고 불만이 계속 쌓여가고 있었다. 사실 회사 생활을 하면 고비가 3, 6, 9로 온다고 하지 않는가? 직장 생활을 어느 정도 해본 사람이라면 모두 주기적인 부침의 시기를 겪을 것이다. 우선순위를 선택하는 능력을 터득하기 이전에는 그 시기를 여러 가지 방법으로 넘겼다. 원인을 외부적인 요인에서부터 찾거나, 그냥 시간으로 뭉개고 흘려보내거나, 밖으로 나돌거나 하는 방식으로 말이다.

직장 생활 10년 차가 되자 나는 이전과는 다른 강도의 퇴사 욕구가 쌓여가기 시작했다. 당황스럽고 혼란스러웠다. 종이를 꺼내 회사에서 주는 중요한 가치들에 대해서 적어 내려갔다. 몇 가지 단어가 뽑혔다. 일에 대한 만족감, 연봉, 동료들과의 인간관계, 조직문화, 회사의 네임밸류, 미래성.

　그러고는 회사를 최고로 재미있게 다녔을 때와 지금을 비교해보았다. 무엇이 바뀌었기에 잘 다니던 회사를 나가고 싶은 걸까? 회사를 최고로 재미있게 다녔을 때의 우선순위를 매겨보았다. 그리고 지금의 우선순위를 매겨보았다.

　시간이 지나면서 모든 것은 바뀐다. 그리고 그 바뀐 상황에 맞는 결정이 필요한 법이다. 여전히 높은 우선순위인데도 만족감이 예전과 달라진 이유를 적어보았다. 예전에는 높은 우선순위였는데 지금은 순위가 낮아진 것들에 대한 이유와 개선방안도 적어보았다. 개선

그때와 지금이 다른 나의 우선순위

	회사를 다니는 게 가장 재미있었을 때		지금
일	재미 ↑		재미 X
연봉	만족		전보다는 올랐지만 적게 느껴짐
인간관계	Soso	Vs.	Soso
조직문화	Soso		Bad
네임밸류/ 사내 복지	중요		중요하게 느껴지지 않음
전망	매력도 ↑		매력도 ↓

안을 적으니 내 힘으로 바꿀 수 있는 것과 그렇지 않은 것들이 구분되었다. 그러자 이제 어떤 선택을 해야 할지에 대한 진짜 고민을 시작할 수 있었다.

일에 대한 높은 만족감 하나로 회사를 다녔는데, 지금은 왜 이리 낮은 것인가? 앞 장에서 언급했듯이 가짓수가 많은 일을 하기 때문에, 바쁘게 일해도 제대로 성과가 나는 일은 없어 점점 만족감이 떨어졌다. 그러나 일에 대해 우선순위를 결정할 수 있는 것은 내 힘만으로 되는 것은 아니었다. 회사는 조직 사회이기에, '하라면 해야 하는 것'도 있는 법. 즉, 상사가 우선순위에 대한 개념이 없거나, 나와 생각이 다르다면 이런 상황을 의미 있게 개선하는 것이 어려워 보였다.

연봉. 예전에는 이 정도면 많이 받는다고 생각했는데, 나의 경제 관념이 바뀌며 연봉에 대한 생각도 180도 바뀌었다. 이렇게 해서는 '부자'가 될 수 없다고 생각했다. 내가 열심히 일한 만큼, 제대로 성과를 내는 만큼 돈을 벌고 싶었다. 나는 안정감보다는 하이-리턴 되는 보상체계를 원했다. 그러나 다니던 회사는 그것이 불가능한 시스템이었다. 내가 퇴사를 한다고 하자 주변에서는 '돈은 좀 덜 받더라도, 편안한 생활을 선택한 게 아니냐'는 사람들이 많았다. 그런데 나는 연봉을 훨씬 상회하는 수준의 부를 원했다.

조직문화도 마찬가지였다. 신입직원 때는 조직문화가 제대로 보일리가 없다. 그리고 일이 한창 재미있을 때도 마찬가지이다. 조직문화

보다는 자기 코앞에 놓인 일에 집중하게 되기 마련이다. 그러나 여러 가지가 얽히고설켜, 조직문화에 대한 불만도 늘어났다. 문화는 개인 혼자서 바꾸기 상당히 어려운 부분이다.

이런 식으로 우선순위를 적고, 이유를 분석하고, 개선방안까지 생각해보니 문제가 명확히 보였다. 뭉뚱그린 고민들이 실체를 드러냈고, 이 실체들은 나에게 결정을 요구하고 있었다. '더 이상 그냥 뭉개지마!'하고 말이다.

문제를 알고도 뭉갤 것인가, 용기 내어 선택할 것인가

이 심리적 혼란의 시기에 퇴사하지 않기로 선택하는 것도 용기가 필요했고, 퇴사를 선택하는 것도 용기가 필요했다. 이미 마음이 많이 떠났고, 내 힘만으로 해결할 수 없는 것들에 대한 마음 재정립이 필요했다. 그리고 다시금 이 회사에서의 나의 역할에 대해 스스로 재정비할 필요가 있었는데 만만치 않았다. 이미 마음이 떠난 연인과 잘 지내기로 애써봤자 얼마 못 가는 것처럼 어렵고 자신 없는 선택이었다.

퇴사를 하기로 결정하는 쪽 또한 용기가 필요했다. 내가 무엇을 할 수 있을지가 막막했고, 경제적인 대안도 필요했다. 그러나 뾰족한 답은 없는 상황이었다. 정말 망망대해로 나가서 어떻게든 생존해내겠다는 용기가 필요했다.

어쨌거나 나는 선택해야만 했다. 알다시피 나는 퇴사를 선택했다. 물건을 비우는 것을 통해 우선순위를 알고, 그것을 실제로 내 삶에서 내보내는 작은 실천이 쌓이지 않았다면 불가능한 일이었다. 내 우선순위가 무엇인지도 모른 채, 회사 욕 한바탕 실컷 하는 것을 카타르시스로 여기면서 시간을 뭉개며 흘려보냈을 것이다. 우선순위에 대해 고민하고 선택하는 습관을 통해 나는 11년의 회사 생활을 내 인생에서 떠나보냈고, 나는 이제 또 다른 방식으로 일하는 것을 선택해 새로운 도전을 하고 있다.

공간을 한정하여, 쓸모없는 것은 비우고, 바라던 것만 내 삶에 선택하여 들이는 이 개념은 내가 전파하고자 하는 시간 관리의 가장 핵심적인 부분이 되었고, 이것은 "쓸데없는 것 줄이고, 하고 싶은 것을 하자!"라는 인생 가치관이 되었다.

시간 관리가 어렵다면 내 작은 서랍, 책장부터 비워보자. 인생을 바꾸고 싶다면 아주 작은 것부터 내 곁에 둘 만큼 필요한지, 아닌지에 대해 고민하고, 비우는 용기를 쌓아가보자. 그 결정의 힘들이 쌓여, 인생의 큰 결정을 내릴 때 반드시 힘이 될 것이다.

3

3일 열심히 하고,
4일 망하는 패턴에서 벗어나는 법

인생은 그리 호락호락하지 않은 법! 우선순위에 대해 예전보다 더 잘 알게 되었다고 해서, 인생 전반이 내가 원하는 대로 마냥 잘 흘러갔다고 생각하면 큰 오산이다. 우선순위에 충분히 집중할 시간을 마련하지 못해 아쉬웠고, 계획을 세워도 체력적으로도 고꾸라지기 일쑤였다. 가끔은 우선순위라 생각한 것들이 진짜 우선순위가 아니기도 했다.

그리고 가장 큰 문제는 하고 싶은 것들이 불쑥불쑥 치고 들어와서 다시 잡꿀을 모으는 꿀벌로 돌아가려 한다는 것이었다. 이렇게 시간 관리라는 영역은 나에게 참 어려운 것이었다. 빗대어 표현하자면 '3한(寒) 4온(溫)'이었다. 3일 잘되면, 4일 망했다. 유지가 쉽지 않았다. 이렇게 내 기분에 따라, 컨디션에 따라 들쭉날쭉 지내다 보니 좋은 시스템이 필요하다는 생각이 머릿속을 스쳤다.

'좋은 시스템? 시스템? 시스템!'

'시스템'은 내가 하고 있는 일이면서, 누구보다 자신 있는 분야였다. 그 당시 나는 병원에서 안전한 시스템을 만드는 일을 하고 있었다. 간단히 설명하면 이런 것이다.

환자가 진료를 받으러 병원 문을 열고 들어오는 순간부터 진료를 보고 병원을 나가는 순간까지 어떠한 사고 없이 안전하게 돌아갈 수 있는 시스템을 만드는 일을 했다. 환자가 별일 없이 진료를 받고 집으로 돌아가는 것. 어떻게 보면 이것이 당연하다고 생각하겠지만, 사실 그것은 그리 쉬운 일이 아니다. 이해를 돕기 위해, 이 책을 읽고 있는 당신이 병원을 찾았을 경우를 예로 들어 설명해보겠다.

원무팀에서 접수를 할 때, 수많은 동명이인 속에서 당신을 찾아 등록하는 것. 검사실에서 임상병리사가 당신의 피검사 결과를 다른 환자가 아닌 당신 이름에 정확히 입력하는 것. 진료실 앞에서 간호사가 당신의 이름을 불렀을 때, 이름이 비슷한 세 명의 환자가 동시에 대답하더라도 당신 순서가 맞는지 다시 한 번 확인하는 것. 의사가 다른 환자의 진료 기록이 아닌 당신의 진료 기록을 띄워놓고 처방을 하는 것. 약국에서도 약사가 처방된 용량과 동일하게 약을 조제하고 당신에게 주는 것, 주차창으로 가는 도중에 당신이 미끄러져 넘어지는 사고 없이 안전하게 차를 빼서 집에 갈 수 있는 것.

아주 간단한 외래 진료를 예로 든 것에 불과한데, 이렇게 간단한 진료임에도 환자 1인의 이동 경로에 수많은 손 바뀜이 일어난다. 아주 작은 실수가 생명의 위협까지 연결될 수 있는 것이 병원의 오류이다. 나는 이런 오류가 발생하지 않도록 시스템을 설계하고, 오류가 발생하면 환자에게 도달하기 전에 조기 발견될 수 있는 장치를 만드는 일을 했다.

시스템이 중요한 이유는 하나다. 병원은 자동화가 가능한 부분이 제한적인 인력 집약적인 사업이다. 어떤 사람의 손을 거치느냐에 따라 퀄리티가 달라진다면, 그 병원을 믿을 수 있을까? 시스템의 핵심 목적은 기본적인 자격을 가진 누가 들어오더라도 동일한 퀄리티의 결과를 제공하는 것이다. 입사 3개월 차인 신입직원이라 하더라도 말이다. 이것이 시스템이다.

어떤 경우에도 퀄리티가 유지되는 시스템을 내 인생에 접목시킬 수 있을까?

"그럼 나는 내 삶에서 '시스템'을 가지고 있을까?"라는 질문으로 다시 되돌아가보자. 매번 내 기분에 따라, 외부 상황에 따라 변하는 결과물이라면 나는 내 인생의 시스템이 있다고 봐야 하는 것일까? 이건 시스템이 아니다. 나에게는 내 인생의 시스템이 없다는 결론을 내렸다.

충격적이었다. 병원 시스템을 만드느라 밤을 새며 일했는데… 정작 내 인생을 위한 시간 관리 시스템을 만들 생각을 하지 못했다니! 병원의 시스템과 개인의 시스템의 공통점은 자동화할 수 없는 부분이 제한적이고, 결국 사람이 할 수밖에 없는 일이 많다는 것이다. 개인의 시간 관리보다 훨씬 복잡하고 거대한 병원에서 1만 명이 넘는 직원들이 정교하게 설계된 시스템을 통해 차질 없이 일하는 것을 보고 배웠다.

나 개인의 시간 관리에도 제대로 된 '시스템'을 적용한다면, 더 이상 내 기분, 컨디션에 따라 3일 잘하고 4일 망하는 패턴에서 벗어날 수 있을 것이라는 확신이 들었다. 나는 나를 위한 '시간 관리 시스템'을 만들기로 했다.

4
3차 병원의 시스템을
내 삶에 적용하다

나는 나를 위한 '시간 관리 시스템'을 만들기로 했다.

지금까지 병원의 시스템을 만들고, 문제점을 보완하는 업무를 하면서 가장 중요한 포인트는 무엇이었을까? 여러 가지 중요한 점들이 많았지만, 3가지 중요 포인트가 뽑혔다.

1. 간단해야 한다.
2. 시각적으로 직관적이어야 한다.
3. PDCA (계획-실천-점검-재계획) 사이클을 반복해야 한다.

나는 지금까지의 시간 관리 방법에 이 3가지를 하나씩 대입하며 무엇이 문제인지, 어떤 부분을 다듬어야 할지 고민하기 시작했다.

첫 번째 원칙, 간단할 것

복잡한 프로세스일수록 오류가 발생할 확률이 높고, 이행률이 떨어진다는 것을 수많은 사례를 통해 알게 되었다. 실수가 자주 발생하는 부분은 가능하면 간단하게 만들고자 노력했다.

피라미드식 위계구조를 깨고 의사소통 단계를 간소화하거나, 언제 어디서든 손을 씻을 수 있게 손 소독제를 비치하여 동선을 간소화하거나, 시술 준비 시 이것저것을 챙기는 도중에 빠뜨리지 않도록 모든 것을 한바구니에 담아둔 키트를 만들었다. 이렇게 복잡한 프로세스를 간소화하는 작업은 매우 핵심적인 해결 방법이고, 효과도 컸다.

그럼 지금까지의 나의 시간 관리는 어떨까? 내 시간 관리는 복잡하고, 간단한 것을 떠나 들쭉날쭉하였다. 의지가 불타오를 때는 시간 분 단위로 빽빽하게 적혀 있었고, 어느 날은 체크리스트 정도만 적기도 했다. 만사 귀찮은 날에는 아예 적지 않은 날도 있었다. 나의 기분에 따라, 체력에 따라 마음대로였다. 언제, 어떤 상황에서도 꾸준히 할 수 있는 간단한 방법의 필요성이 더욱 강하게 느껴졌다.

나는 뭔가에 꽂혀서 몰두하는 상태를 제외하고는 상당히 게으른 편이다. 이런 내가 에너지가 높을 때도, 귀찮을 때도, 아플 때도, 졸릴 때도 꾸준히 할 수 있을 정도의 아주 간단한 방법이 필요했다. 유지가 어려우면 그것은 시스템으로써의 기능을 금방 잃기 때문이다.

가장 먼저 한 것이 시간 단위, 분 단위 계획을 치워버리고, 포스트 잇 한 장을 꺼내 그날 가장 중요한 일 4개를 적었다. '독서-회사-회사-유튜브 편집.' 회사 가기 전에 짧은 독서를 하고, 오전에는 회사에서 근무를 하고, 오후에도 회사에서 근무, 그리고 퇴근하고 유튜브를 편집한다는 뜻이었다. 군더더기를 빼고 하루에 가장 주요한 키워드 4개만을 간단히 적고 머릿속에 넣었다. 누구나 저 4가지 단어 정도는 기억할 수 있을 것이다.

지난주와 이번 주에 크게 변화를 준 것은 없었다. 키워드 4개를 머릿속에 넣는 것 정도의 변화였을 뿐, 똑같이 바쁜 한 주였다. 그럼에도 불구하고 작지만 소중한 변화를 경험하게 되었다. 원래는 자려고 누우면 '나 오늘 뭐했지? 진짜 바빴는데… 기억이 하나도 안 나네!' 하는 생각이 지배적이었다. 그런데 하루 4개의 키워드를 적고 난 후에는 '오늘 회사 끝나고 유튜브 편집 하나는 했어! 뿌듯하다!'하고 잠들 수 있었다.

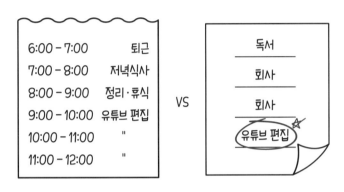

'7:00~8:00 저녁 식사, 8:00~9:00 정리 및 휴식, 9:00~11:00 유튜브 편집…' 이런 식으로 적지 않고, 그저 '유튜브 편집'이라는 단어 하나만 머릿속에 넣었을 뿐인데 훨씬 더 잘 계획을 실천할 수 있게 되었다. 군더더기를 빼고 남은 '유튜브 편집'이라는 단어 하나 덕분에 저녁을 먹고 텔레비전을 보고 있다가도 '아! 나 유튜브 편집해야지' 하고 텔레비전을 끌 수 있었고, 퇴근하고 친구가 놀자고 연락이 와도 미안하다고 말하고 집에 와서 하려던 일을 할 수 있었다.

이렇듯 블럭식스의 처음은 하루 4개의 단어로 시작했다. 시간 순에 따라 빽빽하게 내 할 일을 맞추는 것이 아니라, 내가 중요시하는 가치를 중심으로 핵심 키워드만 뽑아냈다. 군더더기처럼 느껴지는 것은 비우고, 중요한 단어 몇 개로 간단히 하루를 정리했을 뿐인데 나는 내가 중요하다고 생각하는 것들을 더 잘 챙길 수 있게 되었다. 이렇게 하루 4개의 단어가 5개가 되고, 최종적으로 6개가 되어 지금의 블럭식스의 기본 개념으로 자리 잡게 되었다.

기억하자. 블럭식스의 핵심은 중요한 가치를 키워드로 뽑아 하루의 흐름을 한번에 읽는 것. 하루 6개의 단어로 간단히 하루를 요약할 수 있는 것. 이것이 블럭식스의 핵심이다.

두 번째 원칙, 시각적으로 직관적일 것

복잡한 것을 심플하게 만들었다면, 그다음 해야 할 일은 그것을 직관적으로 인식되게 만들어야 한다는 것이다. 직관적으로 인식하게 만드는 것은 보통 디자인으로 해결이 가능하다. 색이나 그림으로 표시하는 것이 흔하고도 효과적인 방법이다.

예를 들면, 병원 로비가 너무 커서 환자들이 길을 찾기 쉽지 않다면 병원 바닥에 경로를 색으로 표시해줄 수 있다. 마치 하이패스 차선에 파란 화살표가 그려져 있는 것처럼 말이다. 혈액검사실로 가려면 빨간색, 엑스레이실로 가려면 노란색 화살표만 따라가면 되도록 컬러 화살표로 안내한다.

또 다른 예시로는, '이 약물은 매우 위험하오니, 취급 시 상당히 주의해주십시오'라고 주절주절 적지 않고, 빨간색으로 표시해버리는 방법이 있다. 포타슘(칼륨)이라는 약물은 우리 몸에 필수 전해질이라서 의료진들이 자주 다루는 약물이지만 잘못된 용량을 주입할 경우 심장이 멈출 만큼 상당히 위험한 약물이다. 그런데 이 포타슘이, 생리식염수와 같은 크기의 용기에 담겨 있다. 제약회사에 건의해서 용기를 바꾸는 것은 쉬운 일이 아니다. 그래서 이 포타슘 병은 따로 분리하여 빨간색 박스에 넣어두는 것으로 경각심을 높인다.

이렇게 색이나 그림으로 제대로 시각화한 해결책은 어떤 문구보다 효과적일 때가 많다. 그렇다면 내 하루는 어떻게 직관적으로 눈에 보이게 할 수 있을까?

시간을 시각화해주는 도구들은 이미 많다. 가장 대표적인 것이 타임블럭(time-block)이다. 시간을 업무 단위로 묶어 시간을 할당하는 방식인데, 생소한 개념이 아니다. 우리가 유치원 때부터 봐오던 동그라미 모양의 생활계획표도 타임블럭이다. 수면 시간만큼의 면적을 그리고 '꿈나라'라고 적고 달님과 별님도 그려준다. 그리고 '방학 숙제 하기' 칸도 할당하여 색칠한다. 나는 이때부터 하고잡이였는지, 원을 쪼개고 쪼개고 쪼개서 아주 알차게 그렸다. 한 번도 방학 숙제를 제때 한 적은 없지만 말이다! 방학 3일 전 엄마에게 혼나고 울면서 꾸역 꾸역 밀린 방학 숙제를 하던 생각이 떠오른다.

이렇듯 우리는 이미 유치원, 초등학생 때부터 타임블럭 시간 관리법을 곁에 두고 살았다. 구글 캘린더 또한 타임블럭을 이용한 캘린더이다. '회의'라고 적고, 회의하는 시간만큼 면적을 쭉 늘리면 된다. 그 외 많은 캘린더들이 타임블럭 방법을 적용하고 있다.

이렇게 좋은 시간 관리 툴을 유치원 때부터 곁에 두고 살았는데, 어째서 수십 년이 지난 우리는 지금도 계획과 실천이 따로 노는 것이 일상이 되었을까? 무엇이 문제이길래 기존의 타임블럭 방법들이 나에겐 무용지물이었던 것일까?

결론부터 말하자면, '24시간을 모두 중요하게 여긴 것'이 문제였다. 내가 중요하게 뽑아낸 키워드만 매일 동일하게 적을 수 있는 양식이 필요했다. 그다음으로 중요한 것은 '시간'보다 '키워드'가 우선함을 직관적으로 보여주는 것이어야 했다. 시간이 먼저 기준이 되고, 그 시간에 할 일을 적는 것이 아니었다. 중요한 가치가 먼저여야 했다. 예를 들어, [저녁 8시 – 유튜브 편집]이 아니라 [유튜브 편집 – 저녁 8시]인 것이다.

무슨 차이가 있냐고? 무엇을 기준으로 하느냐는 나에게 아주 큰 차이를 만들었다. 저녁 8시가 기준일 경우, 앞의 일정이 늦어져서 저녁 8시가 되었음에도 아직 앞의 스케줄을 하고 있다면 '아… 유튜브 편집할 시간인데, 벌써 8시가 넘었네! 오늘 못하겠다'라고 생각하게 되었다. 그러나 유튜브 편집이 더 우선하는 기준이 되면, 조금 늦더라도 '자기 전에 유튜브 편집해야 해'라고 포기하지 않고, 핵심 가치를

5		☐ ☐ ☐ ☐
6	유튜브 편집	☐ 8pm 시작 ☐ ☐ ☐

마음속에 쥐고 있게 되는 효과가 있었다. 저녁 8시·9시가 중요한 것이 아니기 때문이다.

이렇게 나의 중요한 가치를 담을 수 있는 형식이 필요했고, 시간이 먼저 나오는 것이 아니라 중요한 핵심 단어를 먼저 크게 적을 수 있는 양식을 만들었다. 물론 시간을 세세하게 챙겨야 할 일도 있고, 잊지 않게 '투두(to-do) 리스트'가 필요한 경우도 있다. 그것은 해당되는 핵심 가치 옆에 쓰면 되는 것이었다. 가장 중요한 것은 하루 6개의 단어였다. 그것이 지금의 〈블럭식스 플래너〉의 데일리 양식이 되었다.

세 번째 원칙, 계획-실천-점검-재계획을 반복적으로 할 것

계획-실천-점검-재계획을 반복적으로 하는 것은 모든 시스템

10월 6일

1	모닝루틴	◐ 스트레칭 ☒ 신문 ☐ ☐
2	회사	☐ 메일 회신 보내기 ☐ 10am 보고 ☐ ☐
3	회사	☐ ☐ 2pm 회의 ☐ ☐
4	회사	☐ 4pm 회의 내용 정리&공유 ☐ ☐ ☐
5	휴식	☐ ☐ ☐ ☐
6	유튜브 편집	☐ 8pm 컷편집까지는 마치기 ☐ ☐ ☐

의 핵심이 되는 개념이다. 위 원칙 1·2를 꾸준히 할 수 있게 해주는 강력한 힘이다. 이를 전문용어로 바꾸자면 PDCA 사이클(Plan-Do-Check-Act cycle)이라 한다.

병원에서 다년간 PDCA 사이클을 통한 개선활동을 직접 시행했고, 또 각 부서에서 이루어지는 개선활동을 간접적으로 돕는 일을 했다. 결과가 좋은 프로젝트들은 어김없이 PDCA 사이클을 성실히 적용한 것들이었다. 계획하고, 계획을 테스트해보고, 잘 개선되고 있는지 점검하고, 문제가 있는 부분은 수정해서 재계획을 세우는 과정을 반복적으로 시행한 프로젝트는 환자에게, 또는 의료진에게 더 나은 결과물을 가져다주었다. 일을 위한 일로 그친 것이 아니라 실질적인 변화를 이끈 셈이다. 나는 누구보다 PDCA 사이클의 강력한 효과를 오래 지켜보며 체감하였다.

나에게도 이러한 PDCA 사이클 도입이 필요했다. 생각해보면 지금까지 3일 잘하고, 4일 망하는 주기를 반복하고 있었던 몇 가지 이유가 있었다. 계획을 세울 때와 상황이 바뀌었는데도 유동적으로 대처하지 못하거나, 계획을 세운 것 자체를 잊어버리거나, 계획대로 실천하지 못한 이유들을 다음 단계에 전혀 적용하지 못하고 있었다. 오마이 갓! PDCA 사이클의 중요성을 누구보다 잘 알고 있었다고 생각한 나였는데, 내 생활에는 전혀 적용하고 있지 못하다는 사실에 또한 번 충격을 받았다. 지체 없이 이것을 내 삶에 들이기로 했다. 이것으로 내 기분과 컨디션에 따라 3일 잘하고 4일 망하는 패턴에서 벗어날 수 있을 거라는 확신이 들었다.

또 한 가지 중요한 것은 '계획-실천-점검-재계획'은 사이클이라는 점이다. 즉, 반복적으로 행해져야 하고, 자주 반복할수록 효과가 크다는 것이다. 그래서 나는 매일의 사이클과 매주의 사이클을 가지게 되었다. 자세한 내용은 6장에 상세하게 다루었다.

이렇게 3가지 원칙을 뽑아내고 내 생활에 적용해서 지금의 '블럭식스+시스템'이 완성됐다. 원칙 1과 2를 바탕으로 구성된 블럭식스의 개념과 형식만 있고, 원칙 3이 없었다면 '시스템'으로써 꾸준히 적용되기는 힘들었을 것이다. 반대로 원칙 3의 시스템만 있고, 블럭식스에 대한 개념이 없었다면 이 또한 효과적이지 않았을 것이다. 블럭식스와 그것을 반복적으로 시행할 수 있는 장치가 생김으로써 강력한 시스템이 완성되었다.

제대로 된 시스템을 내 삶에 들이다

나는 이제 3일 잘하고 4일 망하는 패턴에서 벗어나서, '블럭식스 시간 관리 시스템'을 2년 가까이 꾸준히 내 삶에 적용하고 있다. 열정이 넘쳐도, 몸이 아파도, 게으름이 도져, 시간이 부족할 만큼 바빠도 이 방법을 꾸준히 적용하고 성과를 내고 있다면, 이제 나는 제대로 된 '시스템'을 가졌다고 말할 수 있지 않을까?

퇴사한 이후 남아도는 시간, 아무도 나에게 무엇을 하라고 이야기하지 않는 이 많은 시간을 잘 운용해서 성과를 낼 수 있었던 것은 모두 '블럭식스 시스템'과 함께했기 때문이라고 자신할 수 있다. 나만의 콘텐츠를 영상·글·사진으로 꾸준히 만들어 발행하고, 시간 관리 커뮤니티인 '타임블럭크루'를 이끌고, 이렇게 꿈꾸던 책을 낼 수 있게 되었다. 여기저기 기웃거리는 잡꿀벌에서, 한 종류의 고급 꿀을 꾸준히 모아 성과를 내는 꿀벌이 되고 있다.

또한, 블럭식스 시간 관리 시스템은 심리적으로도 많은 도움이 되었다. 퇴사해서 혼자 일하면 좋은 점도 많지만, 막상 이 기간이 오래 지나다 보면 슬럼프에 빠지기 쉽다. 이 기간에 내가 무너지지 않을 수 있었던 것은 모두 매일, 매주 내 시간을 점검하도록 나를 이끌어준 시스템 덕분이었다. 사실 지나고 나서 보니 성과가 쌓인 것이 느껴지지만, 그 과정을 보내는 매일매일은 지난하게 느껴지기도 하다. 비슷한 일을 하는 사람들이 잘되는 것을 보면 조바심이 들기도 하고, 경제적인 부침에 마음이 힘든 날도 있다. 이런 크고 작은 동요에서 나를 잡아주고, 다시 시작할 힘을 준 것이 블럭식스 시간 관리 시스템이다. 오늘 해야 할 중요한 가치 6개 이외에 다른 것은 잊는 데 도움을 주었고, 계획처럼 잘되면 잘된 대로, 안되면 안되는 대로 이유를 찾아가며 내일 다시 시작할 힘을 주었다.

'이렇게나 도움이 되는 블럭식스 시간 관리 시스템이 나에게만 좋은 것일까?', '다른 사람들에게도 도움이 될 수 있지 않을까?' 하는 생각이 들었다. 사람이 바뀌어도 동일한 결과물을 만들어낼 수 있어야 그것이 '시스템'이니까 말이다. 그래서 나는 나와 비슷한 하고잡이 꿀벌들을 모으기 시작했다.

인간은 쉽게 바뀌지 않지만,
좋은 시스템 안에서라면 가능하다

다이어리를 사서 끝까지 써본 적이 있는가? 내 경우엔 매년 심혈을 기울여 고른 다이어리이든, 스타벅스 프리퀀시를 열심히 모아 받은 다이어리이든 어떤 다이어리를 고르더라도 3월을 제대로 넘기기 힘들었다. 나뿐만이 아닐 것이다.

또 다른 예로, 요즘 코로나19로 인해 온라인 강의를 듣는 사람이 많은데, 뉴스 기사마다 조금씩 다르지만 국내 온라인 강의 완강률이 4~7%대라고 한다. 100명 중 10명도 채 안되는 사람들만 완강을 하고, 90명의 사람들은 끝까지 수업에 임하지 않는다는 이야기이다. 마치 3월까지만 쓰고 버려지는 다이어리처럼 말이다. 그럼에도 불구하고 우리는 매년 다이어리를 산다. 우리는 늘 바뀌고 싶어 하고, 매년 다짐하지만, 또 매년 3월까지만 열심히 하고 뒷심을 잃고 만다. 나 하나 바꾸기가 이렇게 어렵다.

그런데 '블럭식스 시간 관리 시스템'을 만들고 난 후, 나는 2년 가까이 꾸준히 플래너를 사용하고 있다. 매일 자기 전 내 시간을 들여다보고, 다음 날을 계획한다. 이걸 2년 동안 꾸준히 하다니! 제대로 된 시스템을 내 삶에 들이고 나서 나는 정말로 달라졌다. 아니, 솔직히 말하자면 내 성향은 하나도 달라지지 않았지만, 다시 흐지부지되는 나를 재빨리 붙잡아올 수 있게 되었다.

이전에는 나를 붙잡아주는 것이 아무것도 없었다. 계획과 실천이 따로 놀았고, 그러다 보니 성과가 부진했다. 혼자서 북 치고 장구 치고 하듯, 혼자서 열정을 뿜어냈다가 지쳤다가를 반복했다. 그러나 블럭식스 시스템과 함께하면서부터는 열정이 많으면 많은 대로, 지치면 지치는 대로 나를 꾸준히 이끌고 나갈 수 있게 되었다.

하고잡이인 나는 여전히 호기심이 다방면으로 많다. 에너지가 많을 때는 이런 저런 생각들이 치고 올라와서 마음이 급하다. 예전 같았으면 이 모든 것을 스케줄에 꾸역꾸역 집어넣었을 것이다. 그런데 나에게는 이제 하루 중요한 가치를 적을 수 있는 칸이 단 6개이고, 6개를 넘어 한 블럭에 꾸역꾸역 넣어봤자, 지켜지지도 않고, 지치기만을 한다는 것을 나는 이제 안다. 블럭이 6개밖에 없으니, 하고 싶은 것이 많을 때는 어떤 것을 선택해야 할지 고민해서 하나를 선택한다. 이 과정이 흥분했던 나를 진정시키는 역할을 한다. 그리고 더 중요한 것에 충분히 집중하게 해준다.

인생의 방향과 가치를 잃어버렸다고 느꼈을 때도

그리고 기운이 한 풀 꺾일 때에도 마찬가지로 시스템의 도움을 받는다. 나는 일의 목적과 동기를 상당히 중요시하는 사람이다. 그것이 나를 움직이게 하는 제1원동력이다. 그렇지만 목표가 명확한 상태가 항상 지속되는 것만은 아니다. 인생은 그렇게 똑 떨어지는 것이 아니니까 말이다. 퇴사 후 방황의 시기가 찾아왔을 때도 그랬다. 일의 목적과 동기가 흔들렸기 때문이다. 퇴사 전에는 병원 생활에 대한 원대한 목표가 있지는 않았어도, 내가 하는 일이 환자와 의료인에게 도움이 된다는 뿌듯함은 있었다. 그 명확한 동기 하나가 나를 움직였다.

그런데 퇴사 후에는 이런 생각이 찾아왔다. '나는 무엇을 위해 일하고 있지? 나는 또 누구에게 도움을 주는 일을 할 수 있을까? 누구를 위해서가 아니라 나를 위해서도 이것이 가치 있는 일일까?' 등등의 질문이 잇따르면서 해답을 찾지 못하고 있을 때였다. 목표도 불명확하고, 회사처럼 데드라인이 있는 일도 없었다. 무엇을 하지 않는다고 나에게 뭐라고 할 사람이 아무도 없었다. 그 상황이 오히려 답답했다. 그냥 이렇게 시간을 보내다가 내가 무엇을 하는 사람인지 영원히 나만의 답을 찾지 못할 것 같은 기분이 들었다. 먹고, 자는 기본적인 행복만을 추구하며 조용히 살다가 사라져버릴까 두렵기도 했다.

이 시기에도 나를 붙잡아준 것은 블럭식스 시스템이었다. 너무 귀찮고 만사가 힘들 때, 하루 단 6개의 단어만이라도 적어보는 것. 그리고 일주일을 정기적으로 돌아보게 하는 시간이 나를 붙잡아주었다. 이것이 없었다면 나는 일상을 아예 놔 버리고 한참을 헤매었을지도 모른다. 어쩌면 아직도 어딘가를 헤매고 있을지도….

이렇듯 블럭식스 시스템은 나에게 훌륭한 페이스메이커가 되어주고 있다. 잘 가고 있을 때는 오버페이스 하지 않도록, 지치려고 할 때는 잘 하고 있다고 독려해주었다. 끊임없이 나의 우선순위에 대해 생각하고, 놓치지 않고, 힘을 낼 수 있게 해주었다. 그래서 나는 2년여간의 인생 마라톤을 지치지 않고 달리고 있다. 예전보다 훨씬 안정된 페이스로 말이다. 달리는 것이 지쳐 걷더라도 포기하지 않게 되었고, 잠시 멈출지언정 내가 어디로 가고 있는지 그 방향만큼은 잊지 않게 되었다.

블럭식스 시간 관리 시스템의 최대 수혜자는 바로 나

그렇다고 해서 나에게만 적용되면 이것이 '시스템'으로 훌륭하게 기능한다고 할 수 있을까? 나는 나와 함께하는 다양한 성향, 직업, 나이의 타임블럭크루들과 함께하며 블럭식스 시스템으로 시간 관리를 해오고 있다. 그 과정을 통해 '블럭식스 시스템'은 어떠한 사람이 사용해도 평균 이상의 동일한 퀄리티를 보장하는 '시스템'으로서의 기능을 충실히 기능함을 확인할 수 있었다.

타임블럭크루 가운데 박사 논문을 쓰고 있는 혜령 님의 이야기이다. 혜령 님을 처음 만났을 때, 상당히 빽빽하게 적힌 그녀의 플래너를 보고 내심 놀랐던 기억이 난다. 그러나 이제 그녀의 플래너는 누구의 것보다 널널하다.

"첫 3개월 정도는 플래너를 정말 빽빽하게 썼어요. 그런데 생각해보니 저는 플래너를 쓰는 시간 자체로 기분이 좋았던 거 같아요. 그러면서 점점 생각이 이렇게 바뀌더라고요. '이 플래너를 쓰는 데 시간을 많이 할애하기보다는, 내가 할 일을 하는 시간에 더 집중을 하자'고 말이죠. 제 플래너가 왜 이렇게 널널해졌냐고요? 이제 어떻게 시간을 배분해야 하는지 알게 되고, 이 블럭에 무얼 할지를 정확하게 알게 되니까 거기에 딱히 쓸 게 없어지더라고요. 요즘은 중요한 키워드 정도만 적고, 거의 텅텅 비어 있게 되었는데 그렇다고 해서 열심히 살지 않는 것이 아니에요. 오히려 예전보다 더 논문에 집중하게 되었죠. 블럭식스 시스템을 통해 저만의 '쓸·줄·하·하'를 찾았다고 생각합니다."

다음은 "하고 싶은 게 100만 개쯤 된다"고 말하던 소은 님의 이야기이다. 소은 님은 현재 4살 아이를 키우며 귀촌 생활을 체험해보고 있다. 블럭식스 시스템과 귀촌 생활이 만나 소은 님에게 어떤 깨달음을 주었을까? 소은 님은 어느 날 나에게 이렇게 말했다.

"저는 진짜 하고 싶은 게 많아요. 편집도 배우고 싶고, 인스타그램도 키우고 싶고, 켈리그라피도 하고 싶어요. 아이 음식도 잘 만들어주고 싶고, 여기 농촌 사람들과도 잘 지내고 싶죠. 요가도 꾸준히 하고 싶어요. 그리고 저만의 브랜딩과 꿈을 이루기 위한 공부도 하고 싶고요! 그렇지만 지금은 그런 것들보다 내 자신을 채우는 게 최우선 순위라는 걸 알게 되었어요. 건강 관리를 하고, 마음을 비우고, 나에게 집중할 수 있는 시간을 가지는 것이요."

그녀는 어떻게 하고 싶은 수많은 것들 중에서 지금은 스스로를 채우는 것이 최우선이라고 생각하게 되었을까?

"꾸준히 하루 6개의 키워드를 끄집어내보면서 저의 목표에 대해 생각해볼 수 있었어요. '왜? 왜 하필 이걸 목표로 적은 거야? 다른 목표도 중요하지 않아? 왜? 왜? 왜?' 하는 물음을 스스로에게 계속 던질 수 있었어요. 그러고는 알게 되었죠. 100만 가지의 하고 싶은 일은 결국 잃어버린 나를 찾고 싶었던 마음에서 나온 것인데, 무언가를 배우고 무언가를 함으로써 내가 채워질 수 있을 거라 생각하고 있었다는 것을요. 만 3년간 오롯이 엄마로 살면서, 포기해야 했던 '나', 잃어버렸던 '나'를 엉뚱한 곳에서 찾고 있었더라고요. 그러면서 지금의 결론에 도달했죠. 지금 진짜 소중한 것은 내 자신이고, 나를 먼저 채워야겠다고요. 그리고 이제는 하고 싶은 것들을 한꺼번에 말고, 천천히 하나씩 하겠다고 마음먹었어요."

마지막으로는 초등학교 교사로 일하고 있는 선민 님의 이야기다.

"코로나에서 학교 아이들도 보호해야 하고, 개인적으로는 육아를 온전히 혼자 다 해야 하는 시기였어요. 그래서 3~5월은 매우 정신이 없었어요. 저는 그동안 유명한 플래너라면 사서 많이 시도해봤어요. 그런데 너무 빽빽하게 적어야 하다 보니, 제 계획에 제가 압박이 되어서 몇 주 하다가 그냥 안 해버리게 되었어요. 그러다가 블럭식스 시간 관리 시스템을 만나게 되었죠. 저는 복잡한 게 싫은데, 간단하고 좋더라고요. 하루에 할 많은 일들 중에 굳이 적지 않아도 해야 하는 것들이 있어요. 아이들 챙기는 것과 같은 일이죠. 그런데 일반 다이어리들은 그런 것까지 다 계산해서 적게 되어 있다 보니 제가 지쳤던 것 같아요. <블럭식스 플래너>는 바쁜 일상 속에서 해야 될 것들을 딱딱 추리게 해줘서 너무 좋았어요. <블럭식스 플래너>를 꾸준히 적으면서, 여전히 바쁘지만 제 생활의 여유를 조금씩 찾아가게 되었어요."

이렇게 자신의 밸런스를 스스로 찾아가고, 본인의 성과에 집중하게 된 크루들의 이야기는 무척이나 많다. 이 이야기는 7장에서 따로 더 자세히 다루었다.

블럭식스 시스템을 통해 우리는 더 이상 3일 잘하고 4일 망하는 잡꿀벌에서 벗어날 수 있다. 자신의 삶에 계속 질문을 던지고, 우선순위를 찾고, 상대적으로 우선순위가 떨어지는 것을 용기 내어 비우는 과정을 통해, 자신의 인생을 선택할 힘을 가진 행복한 꿀벌이 되어가고 있다. 나는 다양한 타임블럭크루들의 변화의 과정을 보면서 확신했다.

'쓸데없는 거 줄이고, 하고 싶은 것을 하는 삶! 모두에게 가능해!'
'인간은 쉽게 바뀌지 않지만, 좋은 시스템 안에서는 가능해!'

블럭식스 시스템으로 시간을 선택하는 삶 살기

1단계:
하루를 6블럭으로 나누기

시간을 시각화해야 하는 명확한 이유

퀴즈를 하나 내겠다. 3초 안에 답해야 한다. 우리의 하루가 24시간이라면, 일주일은 몇 시간일까? 24시간 × 7일 = ?

3, 2, 1, 0!

이렇게 3초 안에 계산하기 어려울 만큼 많은 양의 시간을 잘 관리하기는 정말 어렵다. '측정할 수 없는 것은, 관리할 수 없다'라고 말한 피터 드러커의 말을 거창하게 빌려오지 않더라도, 이를 증명할 수 있는 생활 속 예시는 많다.

물건을 비워내기 시작할 때, 나는 책장부터 시작했는데, 옷장이나 신발장, 잡동사니가 모여 있는 창고에 비해 비교적 정리 난이도가 낮아 보였기 때문이다. 그렇다고 해도 책장을 정리하는 것은 쉬운 일이 아니다. 일단 정리를 하려고 책장 앞에 서면 막막함이 몰려온다. 무슨 책부터 비워야 할지, 어떤 기준으로 비워야 할지, 어디서부터 손을 대야 할지, '후아' 하는 한숨부터 새어 나온다.

책장 정리가 필요한 상태라는 것은 눈으로 책장을 살펴봄으로써 알 수 있다. 책이 손가락 들어갈 틈 없이 꽂혀 있어 빼기가 어렵고, 책 윗부분의 공간에 가로로 눕혀 둔 책들이 빼곡하다. 숨 막히도록 어지럽게 쌓인 책들을 보면, '책장 정리를 해야겠어' 하는 생각이 절로 든다.

그러나 시간은 그렇지 않다. 숨 막히게 쌓여 있는지, 가지런히 정리되어 있는지 눈에 보이지 않는다. 내 경험상, '정리가 필요한 시점이야. 내가 너무 욕심을 부렸구나'라고 느끼는 지점은 늘 사고가 터지고 나서였다. 스케줄을 정신력으로 소화하다가 몸이 심하게 아프거나, 어느 날 갑자기 아무것도 하기 싫어지는 번아웃이 오거나, 일이 심각하게 밀려서 여기저기 죄송하다며 양해를 구하는 지경이 되어서야 무언가가 잘못되고 있음을 인지할 수 있었다. 이렇게 눈에 보이지 않는 시간은 어떤 상태로 관리되고 있는지 알아채기가 정말 쉽지 않다.

공간을 한정하자

책장뿐만이 아니라 물건을 정리할 때, 내가 강조하는 단 하나의 공식이 있다. 바로, '공간을 한정하는 것'이다. 책장 하나면 하나, 두 개면 두 개를 정해놓고, 이 이상의 공간을 넘어가는 책은 보유하지 않는 것이다. 옷도, 그릇도, 신발도, 두루마리 휴지도 마찬가지다. 이런 식으로 공간을 한정하면 자연스럽게 따라오는 두 가지 장점이 있다.

첫째는, 내가 원하는 것이 무엇인지 분명히 알게 되는 것이고, 둘째는, 내가 원하는 것을 선택하고 나머지 것은 비워낼 수 있는 용기를 준다는 것이다. 공간의 제약이 없으면 이 책도 필요할 것 같고, 저 책도 언젠가 읽을 것 같다. 그러나 책장에 단 한 권의 책만 꽂을 공간만이 남아 있는데 내 손엔 세 권의 책이 있다면?

첫 번째, 세 권 중 어떠한 한 권을 남길 것인지를 치열하게 고민하게 된다. 그 과정에서 내 상황, 내 취향, 앞으로의 행보 등등을 생각하며 내가 무엇을 원하는지 알게 된다. 두 번째, 아는 것과 실행에 옮기는 것은 큰 차이가 있는데, 내 마음속에 들어온 한 권의 책을 남기는 것으로 선택하고, 나머지 두 권을 비워낼 용기가 생긴다. 그러고는 실제로 나머지 두 권을 비우게 된다. 공간을 한정했을 뿐인데 우선순위 선정이 훨씬 쉬워진 것이다.

시간도 마찬가지이다. 우리가 평소와 다르게 몰입을 할 수 있고, 성과를 낼 수 있는 시기는 언제인가? 마감 1시간 전이다. 바로, 시간이 한정되어 있다는 것을 명확하게 느낀 순간이다. 마감이 1시간 남은 시점, 우리는 핸드폰에 들어가서 목적 없이 인터넷 기사를 보거나, SNS를 하지 않는다. 심지어 울리는 전화도 받지 않는다. 왜? 지금 한정된 이 1시간 동안 해야 할 것이 너무도 명확하기 때문에, 다른 것들은 우선순위 밖에 있는 것이다.

하지만 아쉽게도 마감 1시간이 끝나면, 우리는 시간이 한정되어 있음을 인지하기 쉽지 않다. 다시 시간이 무한정 있는 것처럼 느껴진다. 책이 가로로 세로로 꽂힌 지저분한 책장처럼, 우리의 시간도 어수선하게 흘러간다. 이 악순환을 막기 위해서는 보이지 않는 시간을 공간화해야 하고, 그 공간을 한정해야 한다. 이것이 제대로 된 시간의 시각화인 것이다.

내가 늘 실패해온 여름방학의 동그라미 생활계획표, 하루를 시간, 분 단위로 나눈 플래너도 시간을 공간화한 도구이다. 그러나 이 도구를 사용하면서도 계획과 실행이 따로 놀았던 이유는 시간이 한정되어 있음을 느끼지 못했다는 것이다. 따라서 우리에게 필요한 시간 관리 도구는 시간을 공간화하는 것뿐만 아니라, 한정되어 있음을 느끼게 해주어야 한다.

시간을 한정된 공간으로 느끼게 만들기

당신은 온라인 강의를 많이 듣는 편인가? 코로나 시국의 긴 터널을 지나면서 우리는 온라인 강의에 훨씬 많이 익숙해졌고, 수많은 온라인 강의 플랫폼이 생겨났다. 내 주변에는 듣지도 않고 일단 결제한 온라인 강의가 쌓여가는 사람들이 많다. 당신도 그러한가? 오프라인 수업이라면 절대 이 정도로 결제만 한 강의들이 쌓일 일이 없을 것이다. 그 이유는 '갈 시간이 없어'라는 계산이 자연스럽게 이루어지기 때문이다. 수업 시각에 맞춰 수업하는 곳까지 왔다 갔다 하는 이동 시간까지를 계산했을 때, 실행이 '가능하다/그렇지 않다'를 선택하게 된다. 온라인 강의는 오프라인 강의보다 쉽게 결제하게 되는데, 이는 오프라인보다 내 시간에 쉽게 끼워넣을 수 있다는 생각에서 벌어지는 일이다. 오프라인 강의이든 온라인 강의이든 수업에 할애하는 시간은 비슷한데, 우리는 온라인 강의를 대할 때 시간이 한정되어 있음을 잘 느끼지 못한다.

이런 것이 과연 온라인 강의 하나일까? 언제 볼지는 모르지만 유용할 것 같아 결제 해둔 유료 칼럼들, 언젠가 참여해보면 좋을 것 같아 가입해둔 커뮤니티들, 시간이 많을 줄 알고 잡아둔 약속들이 모이고 모여 허덕이게 되는 일주일… 이런 악순환을 막기 위해서는 시간을 한정된 공간으로 시각화하는 것이 중요하다.

이러한 이유로 나는 하루를 6블럭으로 나누어 산다. 식사시간을 기준으로 오전 2블럭-(점심 식사)-오후 2블럭-(저녁 식사)-저녁 2블럭, 총 6블럭으로 시간을 공간화했다. 그리고 하루에 단 6가지의 굵직한

10월 6일

1	**모닝루틴** (출근 준비-스트레칭-독서-신문)
2	**회사**
3	**회사**
4	**회사**
5	**운동**
6	**휴식**

'온라인강의'를 듣고 싶은데…
어디에 넣지?
모닝루틴에서 독서와 신문 읽기를
빼고 넣을까?
휴식 블럭을 양보해야 하나?

가치만을 허락하는 것으로 시간이 한정되어 있음을 느낀다. 듣고 싶은 온라인 강의가 있으면 6개의 블럭 중에 들어갈 수 있는 빈칸이 있는지부터 확인한다. 빈칸이 없다면 억지로 끼워 넣지 않는다. 꼭 들어야만 한다면, 이미 6개의 블럭에 들어가 있는 것 중 하나를 뺀 후에 넣는다. 마치 책장의 공간을 한정하고, 꽉 찬 책장에 한 권을 더 꽂기 위해 한 권을 비워 내는 것처럼 말이다. 이것이 제대로 된 시간의 시각화이다.

다시 퀴즈로 돌아가자. 3초 안에 답해야 한다. 우리 모두의 하루는 24시간. 그럼 일주일은 몇 시간일까? 24시간 × 7일 = ?

3, 2, 1.

정답은 168시간이다.

다시 퀴즈를 내겠다. 오늘부터 우리의 하루는 6블럭이다. 그럼 일주일은 몇 블럭일까? 6블럭 × 7일 = ?

42블럭! 딩동댕!

그렇다. 지금부터 하루는 24시간이 아닌 6블럭, 일주일은 168시간이 아닌 42블럭이다. 이렇게 시간을 시각화한 블럭식스 개념을 바탕으로 한 블럭식스 시간 관리 시스템의 구체적인 방법을 소개하려고 한다.

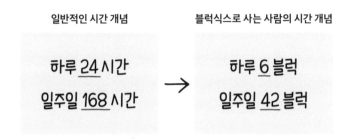

하루 6블럭으로 리듬감 있는 하루 만들기

"내일 일정 어떻게 돼?"라고 물어보면 "아침에 회사 갔다가 마치고 운동 가", "아침에 아이들 등원시켜놓고, 책 읽다가, 아이들 오면 놀이터 가야 해, 그리고 씻기고 재운 후, 나만의 시간을 가질 예정!", "오전에 미팅 있고, 오후에는 프리 타임!" 등의 대답이 나올 것이다. "7시에 세수하고, 7:30에 밥 먹고, 8시에 집을 나서서, 8:15에는 지하철을 타서, 8:40에는 회사에 도착. 그리고 9시까지 할 일을 적고, 9시부터 회의가 있어"라고 말하는 사람이 있을까?

시간을 쪼개어 할 일을 나열하기만 하는 계획은 '강-약-중강-약' 없이 흘러가는 지루한 노래와 같다. 매력적인 후렴구 없이 흘러가는 노래는 기억되지 않는다. 시간 단위, 분 단위의 빽빽한 계획은 오히려 내가 집중해야 할 중요한 것들을 기억하지 못하게 한다. 수시로 플래너를 들여다보지 않으면 내가 지금 무엇을 해야 하는지, 오늘 가장 중요한 것은 무엇인지 알기 어렵다.

인기 드라마에도, 사랑받는 음악에도 강-약-중강-약이 있듯, 우리의 하루에도 분명 강약이 있다. 강에는 힘을 주고, 약에는 제대로 힘을 빼야 리듬감 있게 하루가 흘러간다. 그렇게 하기 위해서는 어디 힘을 주면 좋을지 포인트 지점을 인지하는 것이 필요하다. 하루를 6블럭으로 나누어 생각하면, 자연스럽게 하루의 강-약-중강-약의 흐름이 읽힌다. 하루의 모든 일정을 똑같은 강도로 수행하는 것이 아니라, 집중할 부분, 힘을 빼도 되는 부분에 따라 몰입력을 넣고 뺄 수 있다. 당연히, 강약 조절이 되니 강에 제대로 힘을 줄 수 있다. 이렇게 하루를 살면 잠자리에 누웠을 때 "나 오늘 진짜 바빴는데… 뭐 했지?"가 아닌 "나! 오늘 이거 하나는 했구나! 뿌듯하다!"하고 행복하게 잠들 수 있게 된다.

블럭식스의 기본 개념

지금부터 나올 이야기는 이 책에서 내가 전하고 싶은 블럭식스 시간 관리 시스템의 가장 기본이 되는 개념이다. 하루를 6블럭으로 나눠보자. '오전에 2블럭-(점심 식사)-오후에 2블럭-(저녁 식사)-저녁에

2블럭'으로 말이다. 오전와 오후, 저녁을 구분 짓는 것은 식사시간이다. "내일 일정 어떻게 돼?" 하는 질문에 대한 대답을 블럭식스에 옮기면 다음과 같다

"아침에 회사 갔다가 마치고 운동 가"

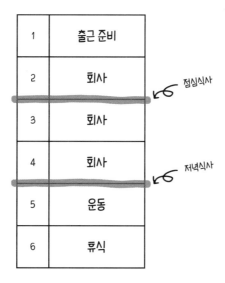

"아침에 아이들 등원시켜놓고, 책 읽다, 아이들 오면 놀이터 가야 해, 그리고 씻기고 재운 후, 나만의 시간을 가질 예정!"

1	아침 준비&등원
2	나만의 시간 - 독서	← 점심식사
3	나만의 시간
4	하원&놀이터	← 저녁식사
5	저녁&육아 준비
6	나만의 시간

"오전에 미팅 있고, 오후에는 프리 타임!"

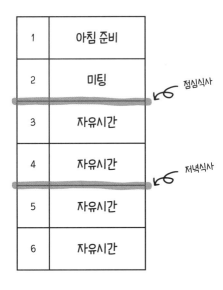

1	아침 준비
2	미팅
3	자유시간
4	자유시간
5	자유시간
6	자유시간

점심식사

저녁식사

이렇게 하면 하루의 강-약-중강-약 중에 '강'만 뽑은 셈이 된다. 하루의 굵직한 흐름이 6개의 단어로 머릿속에 정리된다. 또한, 핵심 단어만 뽑은 각 블록들 사이에도 강약이 존재한다.

예를 들어, 〈회사 갈 준비 / 회사 / 회사 / 회사 / 운동 / 휴식〉에서, 2·3·4블록 회사 중 2블록에 가장 몰입을 해야 하고, 5블록 운동에 힘을 쏟아야 한다고 가정해보자. 이렇게 본인의 하루 리듬감을 체크할 수 있다면 매시간, 분 단위로 일을 처리하는 사람보다 훨씬 하루를 지치지 않으면서 중요한 것에 에너지를 제대로 쏟을 수 있을 것이다.

1	출근 준비
2	(회사) ☆☆
3	회사
4	회사
5	(운동) ☆
6	휴식

점심식사

저녁식사

2

2단계:
직전 일주일 돌아보기

다음 주 계획보다 직전 일주일이 중요한 이유

하루를 6블럭으로 나누는 블럭식스의 개념을 알았다면, 이제 본격적으로 이것에 맞춰 앞으로의 계획을 세워보고 싶을 것이다. 당장 오늘, 내일, 다음 주를 제대로 살아보고 싶은 마음이 마구 들 것이다. 계획을 세우는 것이 얼마나 행복한 시간인지 충분히 알기에, 그 기분을 망치고 싶지는 않지만 계획을 세우기 전에 잠시 멈춰달라고 부탁하고 싶다. 그리고 이런 질문을 하고 싶다.

"지난주를 어떻게 보내셨나요?"

매년, 매달, 매주 계획을 세웠는데도 실패하는 주요한 이유가 하나 있다. 바로 지난달 달력을 찢고 새로운 날짜가 1로 바뀌면, 내 생활도 리셋 되는 것이라는 착각 속에 살기 때문이다.

해가 바뀌어 1월 1일이 되어도, 사실 12월 31일과 1월 1일의 내 상황은 다를 바가 없다. 갑자기 책을 읽을 시간이 생길 리 없고, 갑자기 운동할 여유가 생길 리 없다. 그런데 우리는 갑자기 운동을 하겠다거나, 매주 1권씩 책을 읽겠다거나, 새로운 무언가를 배워보겠다거나 하는 계획을 세운다. 이미 꽉 찬 어제가 그대로 이어져 오늘이 되었는데, 그 위에 계획을 더하기만 하는 셈이다.

정말로 지키고 싶은 계획이 있다면, 그 계획이 들어갈 자리부터 마련해야 한다. 가득 찬 어제가 이어진 오늘에서 그 자리를 마련하는 방법은 '비우기'뿐이다. 따라서 우리는 비우기부터 먼저 해야 한다. 소중한 목표일수록 그것이 자리할 좋은 위치를 먼저 마련한 후, 내 삶으로 '모셔 와야' 한다. 그렇지 않고 더하기만 한다면, 오래도록 가지고 싶었던 값비싼 명품 가방을 사와서는 이미 꽉 찬 서랍에 찌그러뜨려 쑤셔 넣는 꼴과 똑같다. 기억하자. 달력은 리셋 되더라도, 우리의 상황은 리셋 되지 않는다.

따라서 계획을 세우기 전, 반드시 해보아야 하는 것이 있다. 바로 가장 일반적이었던 최근 1~2주 정도를 돌아보는 것이다. 가장 일반적인 나의 생활 패턴을 먼저 파악해야 새로운 계획을 넣을 자리를 찾아낼 수 있다.

나의 일반적인 생활 패턴을 파악하는 법

먼저 A4 한 장을 꺼내서 일주일 42블럭이 있는 6×7 표를 그려보자. 그러고는 그 42블럭 안에 가장 일반적이었던 직전 한 주간의 시간을 써보자. 이미 적어둔 스케줄이 있다면 참고하고, 그렇지 않다면 기억에 의존해서라도 적어보자. 자세히 적을 필요도 없다. 운동, 공부, 휴식, TV, 육아, 회사 등의 굵직한 제목 정도의 단어면 충분하다. 적어보는 것만으로도 내 생활을 진단해볼 수 있는 좋은 시간이 될 것이다.

다음의 6×7 표는 내가 회사를 다닐 때 일반적인 일주일 생활 패턴이었다. 월요일은 출근 전 짧게라도 책을 읽고, 오전 회사 근무를 하고 점심을 먹는다. 그리고 오후 회사 근무를 하고 저녁을 먹고 야근을 했다. 집에 늦게 들어와서는 텔레비전을 보다 잠이 들었다. 월요일은 늦은 야근 때문인지 화요일은 일찍 일어나지 못했다. 시간에 맞춰 회사에 가서 오전 근무를 하고, 점심을 먹고 오후 근무를 했다. 퇴근을 하고 간단히 저녁을 먹고 헬스장에 갔다. 운동하고 집에 들어오면 맥주 한 잔과 함께 텔레비전을 보며 잠이 들었다. 수요일은 다시 아침에 부지런을 떨며 책을 읽고 출근을 했다. 오전·오후 근무를 하고 운동을 가려 했는데 친구들이 만나자고 했다. 그래서 PT 수업을 취소하고, 친구들과 만나 늦게까지 놀았다.

	월	화	수	목	금	토	일
1	책 읽기	–	책 읽기	–	책 읽기	잠	잠
2	회사	회사	회사	회사	회사	운동	잠
3	회사	회사	회사	회사	회사	결혼식	청소
4	회사	회사	회사	회사	회사	결혼식	책 읽기
5	야근	운동	친구	야근	친구	결혼식	영화
6	TV	TV	친구	TV	친구	TV	집에서 쉼

이런 식의 흐름을 떠올리면서 굵직한 키워드로 일주일을 채워보는 것이다. 그럼 이제 주말을 떠올려볼까? 토요일은 느즈막이 일어나서 운동을 갔다가 맛있는 점심을 먹는다. 그러고는 결혼식에 간다. 결혼식에 다녀오면 집에 들어와 텔레비전을 보다 잠이 든다. 일요일은 더욱 늦은 아침까지 자는 행복을 누렸다. 대충 점심을 챙겨 먹고, 집 청소를 조금 하다 책을 들추어본다. 어느새 해가 지는 시간이 되어 저녁을 챙겨 먹고, 영화를 보다 월요일의 압박을 받으면서 쉬다 잠이 들었다. 이것이 내가 회사 다닐 때의 보통의 일주일이었다.

가장 보통의 최근 한 주를 돌아보는 이 작업은 계획을 추가하기 전에 반드시 해야 하는 중요한 단계이다. 시간은 연속선상에 있음을 기억하자. 지금 적어본 과거의 한 주와 다음 주가 분명 크게 다르지 않을 것이다. 새로운 다짐을 현실로 만들기 위해서는 비슷한 흐름의 한 주에서 그것을 실제로 할 시간을 찾아내는 것이 시간 관리 성공의 열쇠이다. 계획이 그저 한순간의 다짐으로 끝났다면 그것은 당신의 의지에 대한 문제가 아니라, 그것을 위한 실질적인 시간이 확보되지 않았기 때문이다. 더 이상 의지로 해결하려 하지 말고, 좋은 시스템 안에서 자신의 시간을 구조화해보자.

이렇게 적어보는 것만으로도 지금 현재 내 생활 패턴을 인지할 수 있고, 이어서 어떤 시간을 비우거나 남길지를 선택할 수 있어 도움이 된다. '어서 계획을 세우고 싶은데, 과거를 돌아보라니!'라고 생각하지 말자. 가장 보통의 1~2주를 적어보는 것은 소중한 당신의 목표를 귀하게 모실 공간을 찾기 위한 중요한 기초 작업이다.

나의 가장 보통의 일주일 패턴 적어보기						
	월	화	수	목	금	토	일
1							
2							
3							
4							
5							
6							

고정시간과 자유시간 분리하기

직전의 한 주를 42블럭에 적어보았다면, 다음 단계는 유사한 활동끼리 묶어보는 것이다. 즉, 그룹화 단계이다. 스스로 생각하기에·비슷하다고 생각하는 시간을 동일한 색으로 칠하거나 묶어주면 된다.

이렇게 시간을 그룹화하는 작업의 목적은 두 가지이다. 첫 번째는 내가 어디에 얼마만큼 시간을 쓰고 있는지를 파악하기 위함이고, 두 번째는 어떤 종류의 시간을 비우고, 남길지를 찾아내기 위함이다.

가장 먼저 묶어줄 블럭은 (근무시간, 수업시간과 같이) 내 의지로 변경하기가 어려운 고정된 시간이다. 직장인이라면 고용된 업무시간, 학생은 정해진 수업시간이 될 것이다. 프리랜서라면 프로젝트에 따라 고정된 시간이 다를 것이다. 대략 오전 9시부터 오후 6시까지가 근무시간인 일반적인 직장인을 예로 들면, 고정 블럭으로 평일 2·3·4블

	월	화	수	목	금	토	일
1	책 읽기	–	책 읽기	–	책 읽기	잠	잠
2	회사	회사	회사	회사	회사	운동	잠
3	회사	회사	회사	회사	회사	결혼식	청소
4	회사	회사	회사	회사	회사	결혼식	책 읽기
5	야근	운동	친구	야근	친구	결혼식	영화
6	TV	TV	친구	TV	친구	TV	집에서 쉼

럭이 묶일 것이다. 일주일 42블럭 중에 회사 생활로 총 15블럭을 사용하고 있는 셈이다.

반대로 말하면 일주일 중 27블럭은 비교적 내 의지대로 사용할 수 있는 시간인 것이다. 평소에 '나는 ~하느라 시간이 없어'라고 생각했는가? 그런데 당신에게는 근무시간을 제외하고, 스스로 선택해서 사용 가능한 시간이 27블럭이나 있다. 이 27블럭이 많아 보이는가? 적어 보이는가? 정답은 없다. 스스로 느끼는 것을 중요시하면 된다.

각자가 처한 상황에 따라 묶여 있는 시간과 그렇지 않은 시간의 정도가 매우 다를 것이다. 중요한 것은 자신의 일주일 중 고정된 시간과 자유 의지로 사용 가능한 시간이 얼마만큼인지 아는 것이다. 이것을 나누어 생각하고, 또 측정할 수 있는 것은 실로 개인의 행동에 많은 변화를 가져온다.

첫 번째로, 현실적으로 실천 가능한 계획을 세우게 된다. 내가 가진 시간의 양을 블럭의 개념으로 인지할 수 있기 때문에, 직감적으로 '시간이 충분하다' 또는 '지금은 넣을 블럭이 없다'는 것을 쉽게 판단할 수 있게 된다. 일은 일대로, 자유시간은 자유시간대로 말이다. 일하는 경우에 적용을 하면, 회사 근무시간 하루 3블럭, 일주일 15블럭 안에서 가능한 일의 양을 계획하고, 속도를 조절할 수 있게 된다. 그리고 그 이상이나 이하의 일을 맡게 되는 경우, 근거 있는 의견 개진을 할 수 있다.

자유시간에 대해 이야기하자면, 매주 자신의 자유 블럭의 양이 얼마만큼인지를 알게 되니, 그 안에서 휴식하고, 친구를 만나고, 자기계발을 하는 시간의 균형을 조절할 힘을 가지게 된다.

두 번째로, 자유시간을 더 가질 수 있는 방법을 찾아 나서게 된다. 요즘 'N잡러'가 상당히 많은데, 어떻게든 '내 시간'을 확보하고 싶어 하는 것이 N잡러의 마음일 것이다. 아니면 조금 더 시간적 여유를 즐기면서 지내고 싶은 사람 또한 중요하게 여기는 것이 '내 시간'이다. 이러한 라이프스타일을 추구하는 사람들이 고정시간과 자유시간을 나누어서 생각하게 된다면 '어떻게 하면 내 시간을 좀 더 확보할 수 있지?'에 대해 고민하면서, 지속적으로 측정해 나갈 수 있게 된다.

세 번째로, 시간 대비 효율을 높일 수 있는 방법을 강구하게 된다. 20블럭을 일하고 300만 원을 버는 프리랜서라고 가정해보자. 이 프리랜서는 더 이상 일하는 시간을 늘리고 싶지는 않다. 이와 같이 고정시간과 자유시간을 분리해서 측정할 수 있는 시간 개념을 가지게 된 프리랜서는 같은 20시간을 일하면서 500만 원을 벌 수 있는 방법을 찾기 위해 노력하게 될 것이다.

당신의 일주일 42블럭 중 고정된 시간은 몇 블럭인가? 그리고 자유 의지로 활용 가능한 시간은 몇 블럭인가? 그것을 인지하는 것부터가 시작이다.

비슷한 시간끼리 묶으면 놓치고 가는 것이 보인다

아직도 묶이지 않은 다양한 종류의 블럭들이 보일 것이다. 그것들을 비슷한 유형의 블럭들끼리 묶고, 그 수를 세어보자.

다시 나의 6×7 표를 예로 들어 살펴보자.

나의 경우에는 회사생활을 제외한 소중한 27블럭 중에 친구를 만나는 데에 7블럭이나 할애했다는 것을 알게 되었다. 퍼센트로 따지면 무려 26%(7/27)이다. 즉 자유시간의 1/4이 넘는 시간을 친구와 보냈던 것이다. 사실 내가 그 주에 힘써 노력하고 싶은 부분은 운동이었다. 헬스를 주 4회는 가고 싶었다. 체지방량을 정상 범위로 맞추려는 목표가 있었기 때문이다. 그러나 친구들의 연락에 즉흥적으로 운동을 취소하고 친구들을 만나러 간 탓에 운동은 겨우 2블럭만 했다는 사실을 확인할 수 있었고, 너무 아쉬운 마음이 들었다. 다음으로는 무엇을 했는지 기억도 나지 않고 흘러가버린 아쉬움 블럭들도 5블럭이나 되었다. 그 외에도 야근을 2블럭 했다. 생각해보면 야근 2블럭 중 1블럭 정도는 하지 않을 수 있었을지도 모른다는 생각이 든다. 그리고 짧은 독서지만 독서 블럭은 4블럭인데 이 정도면 만족한다는 생각이 들었다.

그리고 또 하나, 이렇게 그룹화를 끝내고 보니 정말이지 아찔한 발견을 할 수 있었다. 바로 가족과 관련된 블럭이 한 블럭도 없는 것이

월	화	수	목	금	토	일
책 읽기	-	책 읽기	-	책 읽기	잠	잠
회사	회사	회사	회사	회사	운동	잠
회사	회사	회사	회사	회사	결혼식	청소
회사	회사	회사	회사	회사	결혼식	책 읽기
야근	운동	친구	야근	친구	결혼식	영화
TV	TV	친구	TV	친구	TV	집에서 쉼

자유 블럭		27/42	
야근	2	가족	0
운동	2		
친구	7		
책 읽기	4		
잡무	1		
휴식	6		
아쉬움	5		

다. 나는 가족과 함께하는 시간을 상당히 중요하게 여기는 사람인데, 가족과 제대로 의미 있는 시간을 보낸 적이 한 시간도 없다니! 물리적으로 그냥 가족과 한 공간 안에 있는 시간 말고, 의미 있게 대화를 나누며 식사를 하는 등의 시간을 일주일 동안 전혀 가지지 않았던 것이다. 물론 가족이 나의 높은 우선순위라고 해서 현실적으로 가족

에게 가장 많은 블럭의 수를 할애하지는 못한다. 그러나 의미 있는 시간을 보낸 블럭이 단 한 블럭도 없다는 것은 충격적이었다.

이렇게 여러분들도 자신의 시간을 그룹화하고, 어디에 얼마만큼의 시간을 쓰고 있는지 점검해보기를 바란다. 그리고 블럭의 수가 0이라서 미처 발견하지 못했지만, 놓치고 있는 중요한 가치가 있지는 않은지 살펴보기를 바란다.

만약에 내가 꼭 해내고 싶었던 운동, 내가 살뜰히 챙기고 싶었던 가족을 원하는 만큼 신경 쓰지 못한 한 주였다고 해보자. '이번 주는 바빴어!'라고 말하고 싶은가? 좋다. 한 주는 그럴 수 있다. 그러나 한 주가 한 달이 되고, 분기가 되고, 일 년이 되고, 나의 평생이 된다면? 정말 끔찍하지 않은가? 그때도 '나는 바빴어!'라고 당당하게 말할 수 있을까? 내가 원하는 삶은 영원히 가까이 하지 못하는 인생, 이렇게 나의 이상과 현실이 동떨어진 채로 흘러가는 것도 모르고 시간을 보내게 되는 것은 너무 아찔하지 않은가?

혹시 당신은 이렇게 말할지도 모르겠다. 마음의 우선순위를 현실로 옮기며 사는 사람이 얼마나 있겠냐고, 그런 것은 여유가 있는 사람만 가능한 것이라고 말이다.

대단한 시간을 내라고 말하는 것이 아니다. 현실 가능한 범위 내에서 조금씩 자신의 우선순위를 녹여보고자 노력해야 한다는 이야기이다. 그리고 그 노력을 하기 위해서는 자기가 어디에 얼마만큼의 시간을 소비하고 있는지를 먼저 알아야 한다는 이야기이다.

다음은 타임블럭크루 용준 님의 이야기이다.

그는 3살 딸을 둔 아빠다. 부인과 딸은 서울에서 살고, 용준 님은 직장 때문에 지방에 거주한다. 현재 식당일을 배우고 있는데 새벽 6시에 출근을 해서 저녁 9시가 되어서야 퇴근을 한다. 그 식당은 그 지역에 매우 이름난 식당이어서, 근무 시간에는 정말 혼이 빠져라 일을 하신다고 한다. 집에 돌아오면 녹초가 되어 그대로 뻗어도 이상하지 않은 스케줄이다. 그럼에도 불구하고 용준 님은 그 시간에 플래너를 펴고 자신의 하루를 마무리한다. 일하는 시간을 제외하면 거의 남아 있지 않은 본인의 한 블럭 정도에 자신이 소중히 여기는 가치들을 넣는다. 주로 운동과 가족이다. 근무 스케줄에 틈이 나는 대로 헬스장에 가서 체력을 기른다. 일 자체의 노동 강도가 높다 보니, 스스로 일을 해내기 위해 선택한 방법이다. 그리고 한 달에 몇 번 쉬지 않는 시간을 활용해 가족을 만나고, 의미 있는 시간으로 보낸다.

나는 용준 님을 보면 '바빠서 못해. 피곤해서 못해'라는 말이 쏙 들어간다. 정말 틈이 없는 일상에도 불구하고 가장 중요한 가치를 현실적인 범위 내에서 지켜나가려고 노력하는 모습은 나에게도 큰 본보기가 된다. 나는 분명 확신한다. 용준 님의 고정 블럭이 점점 줄어들고, 자유 블럭이 많아지면 그는 더욱 중요한 가치들에 충분히 시간을 할애하며 행복을 더 크게 즐길 수 있는 사람이 될 것임을! 시간이 많다고 누구나 그렇게 사는 것은 아니기 때문이다. 지금 내 현실 안에 내 가치관, 우선순위를 작게라도 녹여낼 수 없다면, 나중이라고 가능하지 않음을 알기 때문이다.

지난 일주일의 시간을 적고, 그룹화를 해보자. 그리고 '바쁘다는 이유로' 쉽게 놓치고 가는 나의 소중한 것들은 없는지 살펴보자.

카테고리 이름이 시간 관리 승패를 좌우한다

좋아하는 텔레비전 프로그램이나, 넷플릭스 시리즈, 유튜브 채널이 있는가? 새로운 영상이 업로드 되기만을 기다리는 그런 채널이 있는가?

지난 한 주를 돌아보았을 때, 나는 월요일도, 수요일도, 목요일도, 토요일도 잠들기 전에 텔레비전을 보았다. 텔레비전이든, 유튜브든, 넷플릭스든 하여튼 뭔가를 보면서 시간을 보냈다. 모두 동일하게 뭔가를 보며 흘려보낸 시간인데, 생각해보니 각 시간이 나에게 주는 의미는 조금 달랐다. 다른 요일은 무엇을 봤는지 기억도 잘 안 나지만, 수요일에 내가 무엇을 봤는지는 똑똑히 기억한다. 왜냐하면 내가 너무 기다리던 토크쇼가 방송하는 날이기 때문이다. 내가 만약 이 한 주를 다시 살 수 있다고 해도 수요일 저녁에 반드시 본방사수를 할 것인데, 그 토크쇼를 보며 나는 즐겁게 휴식했기 때문이다. 그러나 이

월	화	수	목	금	토	일
책 읽기	-	책 읽기	-	책 읽기	잠	잠
회사	회사	회사	회사	회사	운동	잠
회사	회사	회사	회사	회사	결혼식	청소
회사	회사	회사	회사	회사	결혼식	책 읽기
야근	~~친구~~	~~운동~~	야근	친구	결혼식	영화
TV	~~친구~~	~~TV~~	TV	친구	TV	집에서 쉼

한 주를 다시 산다면 월요일, 목요일, 토요일에는 텔레비전을 보지 않을 것 같다. 무엇을 봤는지 기억도 나지 않고, 그 시간을 통해서 '잘 쉬었다'라는 생각이 전혀 들지 않기 때문이다. 오히려 일찍 자는 것을 선택하는 게 낫겠다는 생각이 든다.

이렇게 행동은 동일하지만 자신에게 다가오는 의미가 다른 것들이 있을 것이다. 그룹화를 할 때, 그런 것들은 서로 다른 종류로 분류해보자. 나의 경우에는 수요일 밤에 토크쇼를 본 시간은 '휴식'으로 분류했고, 나머지 요일에 TV를 본 블럭은 '아쉬움'으로 분류했다.

동일한 행동을 모두 같은 블럭으로 표시한다면, 어떤 시간을 비울지 선택할 때 양가감정이 들 수 있다. '난 TV 보는 것을 좋아하는데… 내가 열심히 일하면서 이 정도도 못 누리는 건가?' 하는 생각이 들면서 시간 관리 따위에 반감이 들 수도 있고, 반대로 좋아하는 시간까지 없애 버리는 심각한 자기 통제에 이를 수도 있다. 따라서 동일한 행동이라도 내가 가지는 의미에 따라 다르게 그룹화를 해야, 나의 취향과 마음을 존중하면서도 덜어낼 것을 찾아낼 수 있다.

또 이렇게 분류하는 방법이 가져다주는 또 다른 이점은 숨은 시간을 찾아준다는 것이다. 특히, 육아의 경우 그렇다. 아이와 물리적으로 함께하는 모든 시간을 육아라고 통칭하게 되면, 어떠한 시간도 개선하기 어렵다. 아이와 함께 있는 모든 시간 동안 온전히 아이와 정서적으로 교감하고 있는지 생각해보자.

크게 두 가지로 분류할 수 있을 것이다. 먼저, 아이와 적극적으로 책도 읽어주고, 몸으로 놀고, 장난도 치는 시간이 있을 것이다. 반대로 같은 공간 안에 있지만, 아이는 아이대로, 부모는 부모대로 각자 할 일을 하는 시간도 있을 것이다. 그 시간을 분리해서 그룹을 묶어보자. '적극적 육아'와 '소극적 육아'라는 이름을 추천하는데, 창의적인 다른 이름이 있다면 그것으로 해도 좋다. 육아라고 통칭하던 것을 나누어 서로 다른 이름을 붙여주자. 그러면 도저히 찾아지지 않았던 나만의 시간이 조금씩 보이기 시작할 것이다.

카테고리를 나누면 집중도도 달라진다

아이 셋을 키우고 있는 워킹맘 성희 님은 아이와 함께하는 전반적인 시간에서 '적극적 육아'라는 시간을 구분해서 생각하게 된 후 아이와 함께하는 시간의 퀄리티가 달라졌다고 이야기했다.

"초등학교 5학년, 2학년, 5살 아이를 키우고 있어요. 워킹맘들은 기본적으로 아이들에게 미안한 마음을 가지고 있어요. 아이들 밥을 먹이고, 씻기고, 챙겨주는 기본적인 것들은 다 하지만, 함께하는 시간이 적다는 마음에서지요. 그런데 적극적 육아의 시간을 분리해내고, 그 시간을 집중해서 보내게 되니 그 죄책감이 훨씬 줄어들었어요. 적극적 육아의 시간이 절대적으로 늘어난 것은 아니에요. 많아야 일주일에 1~2블럭이죠. 예를 들면, 토요일 오후 시간을 '적극적 육아'로 보내겠다고 내가 선택한 거잖아요. 그러면 더 집중적으로 계획하게 되고, 그 계획을 지키려고 노력하게 되더라고요. 적극적 육아 블럭 덕분에 '아이들이랑 쿠키 만들어봐야지…'하고 생각만 했는데, 실제로 쿠키 만들기 놀이를 하게 되었고, 공원도 더 자주 가게 되었어요. 한 주를 마무리하면서 돌아보면, 일주일 동안 이 '적극적 육아' 블럭에 아이들과 제대로 놀아줬어!' 하는 마음이 들기 때문에 죄책감이 해소가 된 것 같아요. 그리고 그 홀가분한 마음은 일, 살림, 개인적인 시간에도 집중할 수 있게 도와줬죠."

세 번째로 효과가 있는 부분은 야근이다. '야근을 내가 하고 싶어서 하나!'하고 화부터 나는 사람도 있을 텐데, 그 마음 나도 충분히 알고 있다. 그러나 잘 살펴보면 내가 어찌할 수 없어서 하는 대부분의 야근 시간 속에서 내가 노력하면 하지 않을 수 있었던 야근을 분리해낼 수 있을지 모른다.

블럭식스로 야근 시간에 얼마나 많은 시간을 쓰는지 알게 된 자혜 님은 최소한의 야근 블럭을 배치하고, 그 시간을 넘기지 않으려 애썼다고 한다.

"저는 회사에서 업무량이 많아 블럭식스 사용 전에는 주 3회 야근을 했고, 주말에도 야근하기 일쑤였어요. 그러다 보니 면역력 저하로 눈병이 생기거나 혓바늘이 나는 등 건강에도 적신호도 오기 시작했죠. 블럭식스를 사용하고 나서 한 주 계획을 42블럭으로 나눠 세어보니, 너무 많은 시간을 회사에 사용하고 있다는 사실에 깜짝 놀랐고, 이 부분을 반드시 바꿔야겠다고 결심했어요. 야근 블럭을 단번에 없앨 수는 없었기 때문에 주간 계획 시 주 1회만 야근 블럭으로 배치했어요. 그리고 평일 2~4블럭에 고정된 근무 시간에 세부적으로 할 일들을 꼼꼼히 적고 실행한 것을 밑줄을 치며 지워나갔어요. 야근 시간을 줄이기 위해 필사적으로 노력했고, 전투적으로 일하며 회사 블럭의 질을 200% 끌어올렸어요. 그 결과 주 3회씩 야근을 해도 끝나지 않던 업무가 주 1회 야근으로도 충분할 정도로 정리되는 기적이 일어났어요! 블럭식스를 통해 불가피한 야근은 1블럭만 쓰겠다고 선택하고, 데드라인을 정한 시간 관리와 집중을 통해 업무 효율성이 몇 배로 높아졌기 때문이죠."

그녀가 얻어낸 성과는 스스로 컨트롤할 수 있는 시간과 그렇지 못한 시간을 분리하고, 컨트롤할 수 있는 시간에 더욱 집중하고자 노력한 결과이다.

이렇게 하나씩 카테고리별로 적용해보는 것이다. 내 인생에서 차지하는 부분이 너무도 큰 덩어리 시간인데 현실적으로 개선하는 것이 불가능하다고 느껴질 때, 이 방법을 사용해보자. 행동은 같아도, 나에게 주는 의미가 다르다면 그것을 분리해보자. 그럼 분명 숨어 있는 굵직한 블럭 하나 정도는 찾아낼 수 있을 것이다.

3단계:
시간은 관리하는 것이 아니라 선택하는 것이다

쓸데없는 것 줄이고 하고 싶은 것 하자

자, 이제 진짜 게임을 시작할 때이다. 지금까지 지난주를 돌아본 이유는 당장 내일, 다음 주, 한 달을 더 나은 나로 살기 위해서였다. 또한, 하고 싶은 것들을 할 수 있는 시간을 마련하기 위해서였다. 소중한 목표는 자리를 미리 마련하고 귀하게 모셔야 하기 때문이다.

하고 싶은 것들을 생각해보자. 인생의 목표, 또는 올해 목표, 아니면 이번 달 목표가 있는가? 목표가 있다면, 그것에 따라 이번 달에 하고 싶은 것을 떠올리면 된다. 목표가 없다면 당장 다음 주를 어떻게 보내고 싶은지 생각해보자. 하고 싶은 것, 마음속에 떠오르는 것들을 끄적여보자.

예를 들어, 이번 달 목표가 다음의 두 가지라고 가정하자. 첫 번째는 근육 양을 키우기 위해 필라테스를 다니는 것과 두 번째는 유튜브 채널을 키우는 데 힘쓰는 것이다. 이러한 월 목표를 주 단위로 잘게 쪼갠다면 이번 주에는 무엇을 해야 하는가? 그리고 그 밖에 또 다른 하고 싶은 것이 있는가?

우선, 근육 양을 늘리기 위해 그동안 관심 있었던 필라테스를 주 3회를 등록하려 한다. 그리고 유튜브를 제대로 키워보고 싶어서 주 1회는 영상을 업로드를 하는 데 시간을 쏟고 싶고, 수강해두고 듣지 못한 유튜브 관련 강의도 들어야겠다. 그리고 잊지 말아야 할 것이 생각났는데, 앞에서 지난주를 돌아보고 반성한 점이 가족들과 보낸 시간이 전멸이라는 것이었다. 이번 주 주말에는 시간을 내어 가족들과 즐겁게 이야기하며 식사하는 시간을 가지고 싶다.

앞 장에서 우리는 가장 보통의 한 주를 돌아보았다. 이렇게 적어본 지난 한 주와 다음 한 주가 크게 다르지 않을 것이라는 가정 하에, 지난 한 주의 시간 안에 다음 주 계획을 넣으려면 어떻게 해야 할지 생각해보자. 그 주를 다시 살게 된다면, 당신이 하고 싶은 것들을 어떻게 넣을 수 있을지 방법을 찾아내는 것이다.

이미 가득 찬 일주일에 내가 하고 싶은 것들을 넣는 방법은 무엇일까? 사실 먼저 비워내지 않고서는 방법이 없다. 그렇다면 어떤 기준으로 덜어내기를 해야 할까? 앞서 그룹화를 하면서 발견한 방법도 블력이나, 개선이 필요하다고 생각한 블럭을 먼저 비워내는 것이었다. 지난 주 어디에 얼마만큼 시간을 썼는지를 돌아보았을 때, 친구를 만나는 데 7블럭이나 쓰고 운동을 적게 간 것이 내심 아쉬웠기에, 친구를 만난 7블럭 중 4블럭을 지워보았다. 만약 이 한 주를 다시 살 수 있다면 7블럭 중 3블럭에는 친구를 만나지 않고 다른 것을 하는 것으로 선택할 것이라는 의지로 말이다.

그리고 무엇을 했는지 기억조차 나지 않는 '아쉬움'으로 분류된 블럭도 친구 블럭만큼이나 많았다. 그 '아쉬움' 블럭 중에 3블럭을 지워보았다. 왜 다 지우지 않냐고? 평일에 일찍 일어나지 못해 '아쉬움'으로 분류한 블럭은 다시 한 주를 산다 해도 일찍 일어날 것이라 장담할 수가 없기 때문이다. 갑자기 내가 너무 부지런한 사람으로 바뀔 수 없다는 것을 알기에 절반 정도만 지워본 것이다. 이렇게만 지워봐도 빈 블럭이 6개 생겼다.

드디어 빈자리를 확보했고, 6개의 빈 블럭에 내가 하고 싶은 것들을 넣어볼 수 있게 되었다. 나는 우선 주말에 확보한 빈 블럭에 '가족'이라고 써넣었다. 그리고 가족들에게 연락한 후 평소에 같이 가고 싶었던 식당을 예약했다. 나이스! 그러고는 남은 블럭에 필라테스 3회를 넣었다. 그다음 유튜브 주 1회 업로드를 위한 작업 시간을 넣으려고 했다. 이제 남은 블럭은 겨우 1개. 유튜브 기획을 하고, 대본을 쓰고, 촬영을 하고, 편집을 하고, 썸네일을 만들기에는 턱없이 부족한

월	화	수	목	금	토	일
책 읽기	-	책 읽기	-	책 읽기	잠	잠
회사	회사	회사	회사	회사	운동	잠
회사	회사	회사	회사	회사	결혼식	청소
회사	회사	회사	회사	회사	결혼식	책 읽기
야근	운동		야근		결혼식	영화
			TV			집에서 쉼

자유 블럭		27/42	
야근	2	가족	0
운동	2		
친구	7→3		
책 읽기	4		
잡무	1		
휴식	6		
아쉬움	5→2		

시간이었다. 그리고 유튜브 강의까지 듣고 싶은데 어쩐담!

이제 내가 계획한 것에 대해 진짜 마음을 알아볼 수 있는 기회이다. 하고 싶다고 적어본 것이 얼마나 하고 싶은 것이며, 현실적으로 가능한 범위는 어느 정도인지에 대한 치열한 고민이 시작될 차례이다. '유튜브를 주 1회 업로드 하려면 시간이 더 많이 필요한데, 어쩌지?',

'필라테스를 주 3회가 아닌 주 2회로 줄일까?', '아니면 유튜브를 주 1회 발행이 아닌 2주에 1회 발행하는 것으로 변경하는 것이 현실적일까?', '유튜브 주 1회 발행은 꼭 하고 싶은데… 더 비울 블럭은 없을까?', '주말에 영화는 꼭 보러가야 하는 것일까?' 하는 질문을 나에게 던지며, 비움과 추가의 과정을 계속하게 된다. 언제까지? 스스로 만족할 만한 다음 주 계획을 세울 때까지 말이다.

이 글을 쓰고 있는 나 또한 이번 주에 하고 싶은 것이 많다. 등록해 놓고 가지 못하고 있는 PT도 가고 싶고, 여름 휴가철이라 근처 계곡의 글램핑장에도 너무 가보고 싶다. 또 사랑하는 부모님과 동생, 조카들을 만나러 부산에도 가고 싶다. 읽고 싶은 책도 쌓였다. 최근에 오픈한 핫한 팝업 스토어에도 가보고 싶다. 친구를 만나 결혼 준비가 잘 되어가는지도 물어보며 수다 떠는 시간을 가지고 싶다.

그러나 지난달에 이어 이번 달까지 내 블럭은 온통 글쓰기로 도배되어 있다. 마감 기한이 있고, 써야 하는 양도 만만치 않다. 지금 이 글쓰기 블럭의 우선순위가 다른 것들과 비교해서 너무도 명확하게 높기에 다른 관심사에 나누어줄 블럭이 별로 없다. 중·고등학교와 대학 생활 동안 난 늘 벼락치기를 했다. 항상 여러 관심사에 시간을 나누어주다, 막판이 되어서 조급하게 공부하는 스타일이었다. 그러다 보니 '일주일만 더 있었으면 좋겠어!'를 외치며 시험을 본 적이 많았다. 아주 단기간의 시간만이 남았다고 느껴져야 우선순위가 보이기 시작했던 것이다. 그러나 지금과 같이 시간을 비우고 선택하는 오랜 훈련으로, 장기간의 레이스에서도 잡다한 관심사를 컨트롤할 수 있는 힘을 기르게 되었다. 나는 지금 내 인생에서 손꼽히는 최고로 장기적인 몰입의 시간을 보내고 있다.

시간 뒤에 '관리'라는 단어는 언제부터 세트처럼 붙어 다니게 되었을까? '관리'의 사전적 의미를 찾아보면, '어떤 일의 사무를 맡아 처리함, 시설이나 물건의 유지, 개량 따위의 일을 맡아 함. 사람을 통제하고 지휘하여 감독함' 등의 뜻이 나온다. 시간 관리란 시간을 개량하는 일을 말하는 걸까? 아니면 시간을 통제하고 지휘, 감독한다는 뜻일까? 나는 절대로 시간은 관리하는 것이 아니라고 생각한다. 시간은 선택하는 것이다. 무엇을 비울지 선택하고, 무엇을 내 곁에 둘지를 선택해야 한다. 끊임없이 우선순위를 비교하고, 현실적으로도 가능한지의 여부도 고려해야 한다.

이렇게 시간을 '선택'하는 과정이 쌓이면서, 내 마음의 우선순위가 자연스럽게 정리되었다. 정말 하고 싶은 것이라면 다른 것들을 어렵지만 비워내면서 내 시간에 하고 싶은 것을 넣을 수 있게 자리를 마련했고, 현실적으로 타협할 수밖에 없다면 포기하지 않고 횟수를 줄였다. 이렇게 어렵게 선택해서 내 곁에 남긴 시간이므로 자연스럽게 실천력도 올라갔다.

예전 같으면 글을 쓰면서도 아쉬웠을 것이다. '글램핑 가고 싶은

데… 올 여름은 이번 한 번 뿐인데…' 하면서 말이다. 그러고는 '하루 정도는 괜찮겠지!'하고 신나게 놀고 와서는, 마감일이 가까워지면 조급해하고 후회했을 것이다. 지금은 우선순위를 명확하게 알게 되니 아쉽지 않다. 이 기간이 지나면 글램핑을 넣을 주간이 다시 올 것임을 명확히 알게 되었기 때문이다. 그래서 나는 내가 해야 할 것에 더 잘 집중할 수 있게 되었다. 여러분들이 읽고 있는 이 글은 바로 시간을 선택해서 만든 나의 결과물이다.

시간은 관리하는 것이 아니라, 선택하는 것이다!
당신은 어떤 시간을 선택할 것인가?

끊임없는 이상형 월드컵으로 원하는 삶을 선택하라

우선순위에 집중하기

나는 매주 이상형 월드컵 게임을 한다. 이상형 월드컵은 두 가지 선택지 중 하나를 계속 선택해가면서 선호도 1위를 뽑는 재미있는 방법이다. 예를 들어 '짜장면 vs. 짬뽕?'이라면 짜장면. 그다음 '짜장면 vs. 잡채밥?'이라면 그래도 짜장면. '짜장면 vs. 짜장밥?'이라면 짜장밥! 그럼 내가 그중 가장 선호하는 것은 짜장밥이 되는 것이다.

나에게 주어진 일주일의 시간은 단 42블럭이다. 그 안에 내가 해야 할 것과 하고 싶은 것을 선택해서 넣는다. 점점 몇 자리 남지 않게 되면, 더 치열하게 저울질하고 고민하게 된다. 운동 vs. 친구, 새로 나온 영화 보기 vs. 인스타그램에 나온 카페 가기, A 과목 과제 vs. B 과목 과제, 친구 만나기 vs. 가족들과 시간 보내기, 기획서 쓰기 vs. 휴식 등 수많은 종류의 할 일들을 저울질한다.

기준은 여러 가지다. 더 좋아하는 것, 더 급한 것, 더 중요한 것, 더 재미있는 것 등 여러 기준이 복합적으로 작용해서 뽑히게 된다. 그렇게 이상형 월드컵을 통해 한정된 블럭 안에 선택되었다는 것의 의미는 고르고 골라서 들어온 중요한 스케줄인 것이다.

균형에 집중하기

균형은 중요하다. 식사를 할 때도 단백질, 지방, 탄수화물을 적절한 비율로 조합해서 먹고, 그렇게 먹고도 모자란 것은 과일이나 비타민으로 채우려 노력하기도 한다. 시간도 마찬가지이다. 나를 위한 시간, 일이나 공부를 하며 보내는 시간, 사회적으로 연결되는 시간, 가족들과의 시간, 이 시간의 균형도 중요하다.

단, 균형이라는 것이 모두 동등한 양이 되어, 양팔 저울이 수평이 되어야 한다는 의미는 아니다. 일을 5시간 했으면, 가족들과도 5시간을 보내야 균형이 맞다고 말하는 것이 아니다. 보통 건강한 식단이라고 하면 탄수화물을 줄인 밥상을 떠올린다. '단백질:지방:탄수화물 = 1:1:1'로 먹는 것이 균형 잡힌 식사라고 말하지 않는 것과 동일하다. 시간의 균형을 이야기할 때도 물리적으로 동일한 시간이 균형이라는 의미가 아니라는 것을 기억해주기 바란다. 나에게 맞는 또는 시기에 맞는 적절한 비율의 조합을 맞추는 것이 중요하다.

그 균형을 조율하기에 일주일은 너무도 알맞은 기간이다. 일주일 42블럭의 균형을 점검해보자. 하고 있는 일에 성과를 낼 수 있는 만큼 시간을 충분히 할애하고 있는가? 체력을 쌓아나가기에 꾸준하게 시간이 배분되고 있는가? 가족들과 보내는 시간의 양은 적절한가? 지치지 않고 일주일을 보낼 수 있도록 적당히 휴식시간이 배치되어 있는가?'하고 스스로에게 맞는 질문을 해보자.

이렇게 균형 잡힌 일주일이 한 달이 되고, 한 달이 한 분기가 되고, 한 분기가 1년이 되고, 1년이 여러분의 삶이 될 것이다.

하루 6개의 단어가 나에게 가져다준 37가지 변화

나는 그동안 분 단위, 시간 단위의 시간 관리법을 활용해 장기적으로 성공한 적이 없었다. 한 번 밀리기 시작하면 뒤의 일들이 속절없이 밀려버렸다. 한 번 계획이 틀어지니 뒤에 따라오는 모든 것을 하고 싶지 않아졌다. 가끔은 분 단위, 시간 단위의 일정들이 나를 숨 막히게 했다. 누가 짜준 것도 아니고 내 스스로 계획한 시간이었음에도 말이다.

시간 단위, 분 단위로 적힌 계획은 나에게 우선순위를 먼저 보여주기 힘든 구조였다. 중요한 일들에 형광펜으로 표시를 한다고는 했지만, 시간·분 간격으로 적힌 일정들은 마치 시간 내에 완수해야 하는 게임 퀘스트처럼 느껴졌다. 일의 본질을 생각하고 접근하기보다, 해치워내기 급급해지기도 했다. 그러다 보니 형광펜으로 표시된 중요한 일을 마쳤음에도 불구하고, 그 외의 시간에 적힌 것들을 해내지 못했을 때는 하루를 잘 살아내지 못한 것처럼 느껴졌다. 반대로, 빽빽하게 적힌 자질구레한 일들에 모두 완료 표시를 시원하게 그었다면, 그날 해야 할 정작 중요한 일은 하지 못하더라도 꽤 열심히 산 하루처럼 느껴졌다.

하루를 6블럭으로 나누고 굵직한 가치를 기준으로 계획을 세우기 시작하면서부터 나에게는 다음의 3가지 변화가 찾아왔다.

첫째, 하루의 흐름이 읽혔다

군더더기를 다 쳐내고 남은 가장 중요한 일들만 남겼다. 그렇게 적힌 6개의 단어는 다음과 같다.

모닝 루틴 – 유튜브 제작 – 유튜브 제작 – 운동 – 휴식 – 나이트 루틴

이렇게 적고 나면 하루의 강-약-중강-약이 자연스럽게 읽힌다.

모닝 루틴(중) – 유튜브 제작(강) – 유튜브 제작(강) – 운동(중) – 휴식(약) – 나이트 루틴(약)

가수가 강-약-중강-약을 신경 쓰지 않고, 노래를 처음부터 끝까지 강하게만 부르면 목이 남아나지 않을 것이다. 그것의 최악의 결말은 당분간 노래를 부를 수 없는 성대결절일지도 모른다. 또는 노래를 '중'이나 '약'으로만 부르면 이 맛도 저 맛도 아닌 노래가 되어버릴지도 모른다.

내 하루의 흐름도 마찬가지였다. 힘을 줄 때 주고, 뺄 때 빼는 방법을 모르고 냅다 달리기만 할 때는 금세 지쳐버렸다.

둘째, 한 블럭이 잘못되어도 끊고 다음 블럭을
새 마음으로 시작할 수 있다

분·시간 단위로 빽빽하게 계획을 세웠을 때는, 계획이 한 번 밀리면 뒤에 적힌 모든 계획을 집어치우고 싶었다. 시간이 먼저이고, 거기에 할 일을 매칭시켰기 때문에 그 시간에 그 일을 하는 것이 아니면 소용없는 것처럼 느껴졌다. 실제로 그렇지 않음에도 불구하고, 심리적으로는 그랬다.

하루 6개의 단어는 시간이 먼저이기보다 가치 중심이다. 하루의 흐름에 따라 선정된 6개의 단어를 적은 후 각각의 블럭에 세부계획을 세운다. 그때 시간이 매칭되는 것이다. 그리고 한 블럭의 시간도 정해져 있는 것이 아니기 때문에 블럭의 크기를 유동적으로 조정할 수 있었다. 예를 들면 유튜브 편집을 하다 보니 저녁 6시가 되었다. 보통 오후 6시 즈음에 저녁식사를 하지만, [오후 6~7시 : 저녁식사]라고 적어둔 것이 아니기 때문에 마음이 조급하지 않다. 유튜브 편집을 7시까지 마무리하고, 7시에 저녁을 먹고 그 후 5·6블럭을 무리 없이 계획대로 수행할 수 있다.

그리고 하다 보면 여러 이유로 일정이 밀리거나, 계획대로 시행하지 못하는 일이 있다. 나는 상당히 게으른 편에 속한다. 내가 마음이 동할 때는 누구보다 열정적이고 빠르지만, 마음이 동하지 않을 때는 한없이 느리고 의지가 없는 나무늘보에 가깝다. 이렇게 시간을 뭉개면서 보고 싶었던 드라마 한 편을 클릭하는 날도 있다. 드라마는 매우 위험한 존재라서 한 번 시작하면 멈출 수가 없다. 예전 같으면 그런 날은 '에라 모르겠다! 오늘은 망했고, 내일부터 제대로 할래'라고 생각하기도 했다. 그러나 이제는 다르다. 이제는 '3블럭까지만 보는 거야. 4블럭부터는 새 마음으로 시작해야지!'라고 마음먹게 된다. 리셋할 수 있는 기회가 하루에 5번이나 있는 것이다.

셋째, 내가 추구하는 가치에 대해 알게 되었다

하루 6개의 단어는 내가 지향하는 삶의 가치를 그대로 담고 있다. 모닝 루틴-유튜브 제작-유튜브 제작-운동-휴식-나이트 루틴. 모닝 루틴으로 나만의 고요한 아침을 열고, 시간 관리와 행복에 대한 메시지를 전할 수 있는 유튜브 제작에 매진한다. '시간 관리는 곧 체력'이라 굳게 믿고 있기에 운동하는 시간은 꾸준히 가지려 노력한다. 남편과 저녁을 먹으며 도란도란 이야기도 하고, 텔레비전을 보며 머리도 식히고, 부모님들께 통화도 하고, 휴식하는 시간을 가진다. 씻고, 오늘 하루를 기록하며 몸과 마음에 잠잘 준비를 시키는 시간을 가진다. 이 여섯 가지 단어만 보더라도 일, 가족, 사회적, 개인적인 모든 부분에 대해 성장하고, 지켜내고 싶은 가치들이 보인다.

Goal
: 지금까지 없었던 목표에 대한 고찰

"당신에게는 목표가 있는가?"

이런 질문을 받으면 어떤가?

당황스러워 도망가고 싶은가?

아니면 질문과 동시에 머릿속에 무언가 떠오르는가?

도대체 목표란 무엇일까?

무엇이길래, 길 잃은 느낌을 주기도 했다가, 허무하게도 했다가

흥이 나게도 했다가, 미친듯 집중하게도 했다가 하는 것일까?

주변을 살펴보면

누구나 목표를 가지고 사는 것도 아닌 것 같고,

같은 사람이라 할지라도 인생 내내 항상

명확한 목표가 있는 것도 아닌 것 같다.

그렇다면

목표는 대체 무엇이고

목표를 어떻게 받아들여야 하며

목표가 정말로 필요한 것인지

목표가 무엇인지 모르겠다면 어디서부터 생각을

시작해야 하는지에 대해 풀어나가보려 한다.

지금까지는 없었던 목표에 대한 고찰이 될 것이다.

목표는 왜 있어야만 할까?

"저는 목표가 없어요"라는 말로 많은 사람들에게 묘한 안도감과 쾌감을 준 사람이 있다. 바로 국민 MC 유재석이다. 이 말은 유재석이 〈유퀴즈온더블럭〉 '문이과 수능 만점자' 편에서 게스트의 질문에 대답을 하며 나온 이야기이다.

게스트: 국민 MC로서 최정상에 오르셨잖아요. 목표 달성 후 목표를 어떻게 설정했는지, 그리고 목표로 달려가는 동안의 원동력이 무엇이었는지를 여쭤보고 싶었어요.

유재석: 좀 스타일이 다른 것 같아요. 저는 목표가 없어요. (웃음) 많이 실망하셨죠? 근데 저는 목표가 없어요. 목표를 정해놓고 '어디까지 가야 된다'에 대한 스트레스가 있어요. 그런 스트레스를 굉장히

싫어합니다. 그런 걸 회피하는 편이다 보니 따로 개인적인 목표나 계획을 잘 세우는 스타일이 아니에요.

우리는 지금까지 '목표가 중요해. 목표가 명확해야 제대로 갈 수 있어'라는 이야기를 듣고 살았는데, 한 분야에서 최정상에 오른 사람이 '나는 목표를 세우는 스타일이 아니다'라고 한 말에 사람들은 열광했다. 그의 어록이 담긴 이미지와 영상이 인터넷에서 공유되었고, 위로받았다는 댓글이 많았다. '그래그래. 유재석도 목표가 없다는데! 너무 팍팍하게 살지 말자, 괜찮아!' 이렇게 우리는 '유느님'의 한 마디에 쾌감을 느끼고, 안도감이 들고, 위안을 받았다.

그런데 정말일까? 이 말을 믿고 우리는 목표 따위는 없어도 된다며 안심해도 되는 것일까? 유재석의 일상을 한번 생각해보자. 다년간의 방송을 통해 알려진 것을 모아보면 유재석의 라이프는 이렇다.

방송에 맞춰 항상 컨디션을 조절하고, 작품에 집중하기 위해 다작을 하지 않는다. 운동은 매일 1~2시간 꾸준히 하고, 시간이 부족하면 새벽 2시에도 운동을 간다고 한다. 목 상태 관리를 위해 커피는 마시지 않고, 책이나 신문은 항상 가까이 둔다고 한다. 방송인으로서 피부 관리, 식단 관리도 늘 신경 쓰고 있다. 그리고 SBS 예능 프로그램 〈런닝맨〉을 촬영하며 추격전의 재미를 끌어올리기 위해 금연을 했고, 시간이 아까워 SNS는 하지 않는다고 한다. 이 정도가 흔히 알려진 유재석의 일상이다.

이것이 과연 목표가 없다는 사람의 일상일 수 있을까? 우린 유재석의 말에 속으면 안 된다. 사실 이렇게 '목표 없이도 산다'고 말하는 사람들에게 숨겨진 두 가지 비밀이 있다.

첫 번째는 분명한 가치관, 삶의 방향성이 있다는 것이다. 유재석이 방송에서 "저의 가치관은 ~한 것이에요"라고 말한 적은 없다. 그러나 우리는 30년이 넘게 방송에서 보여준 일관된 모습에서 우리는 그의 가치관을 미루어 짐작할 수 있다. 아마도 유재석의 가치관은 이럴 것이다.

'나는 개그맨으로서 미디어를 통해 많은 사람들에게 웃음을 줄 것이다. 그리고 그 웃음의 종류는 따뜻한 웃음이다.'

개그맨이 되어, 많은 사람들에게 웃음을 주는 사람이 되고 싶다는 강력한 방향성이 없다면 그는 10년이 넘는 무명 생활의 터널을 무사히 나올 수 있었을까? 단단한 비전이 있었기에, 간절히 원하는 것이 있었기에 가능한 일일 것이라 생각한다. 그리고 개그의 종류에도 여러 가지가 있는데, 우리는 풍자 개그에 웃기도 하고, 야한 농담에 피식 웃기도 한다. 가끔 남을 깎아내리면서 웃음을 유도하는 개그도 볼 수 있는데, 유재석이 이끌어내는 웃음은 참 따뜻하게 느껴진다.

'주변사람들과 함께 성장하는 기쁨을 느끼는 사람이고 싶다', 이러한 방향성은 유재석이 텔레비전 프로그램에서 보여주는 팀워크, 리더십을 보면 자연스럽게 느껴지는 부분이다. 실제로 그는 MBC 〈무한도전〉의 '팬미팅' 편에서 어떻게 그렇게 매번 1위를 할 수 있냐는 질문에 이렇게 답했다.

"참 많이 기도를 했습니다. 자기 전에, 제가 방송이 너무 안되고, 하는 일마다 자꾸 어긋나고 그랬을 때, 정말 간절하게 기도를 했습니다. 진짜 한 번만 기회를 주신다면, 저에게 개그맨으로서 정말 단 한 번만 기회를 주신다면 소원이 나중에 이루어졌을 때, 지금 마음과 초심을 잃고, 만약에 이 모든 것이 나 혼자 얻은 것이라고 단 한 번이라도 내가 생각한다면 그때는 이 세상에 그 누구보다도 큰 아픔을 줘도 '저한테 왜 이렇게 가혹하게 하시나요?'라는 이야기는 절대 하지 않겠다는, 그런 기도를 했어요."

목표가 없다고 하는 그는 사실 목표보다 더 거시적인 범위의 삶의 방향성, 가치관, 비전을 가지고 있었다. 그때그때 생겨나는 목표에 비해 아주 단단하게 내 안에 뿌리내린 비전의 힘은 비교할 수 없이 크다. 사실 제대로 된 목표라 함은 이러한 큰 방향성 안에서 나온 하나의 가지이기 때문이다.

두 번째, 지독하게 현재에 집중한다는 것이다. 그들에게는 가치관을 행동으로 연결할 수 있는 강력한 힘이 있다. 사실 목표는 가치관과 행동을 이어주는 중간자 역할을 한다. 강한 가치관이 있든, 끈질긴 행동력이 있든 둘 중 하나라도 강력하다면, 이 둘 사이에는 장력이 생긴다. 서로가 서로를 지탱해주는 것이다. 이런 상태에서는 둘을 이어주는 중간자인 '목표'가 구체화되어 있지 않더라도 우리는 각자가 원하는 삶으로 매일 나아갈 수 있다. 가치관, 비전, 삶의 방향성이 너무도 강력한 장력으로 나의 주의가 흩어지지 않게 끌어당기고 있기 때문에, '그래서 지금 내가 할 수 있는 일은 무엇이지?'에 대해 생각하게 하고 행동으로 옮기게 한다. 앞서 말한 유재석의 라이프스타일은 이렇게 탄생한 것이라 생각한다. '개그맨으로 웃음을 주는 사람이고 싶다'라는 비전은 〈런닝맨〉에서 재미있는 장면을 만들어낼 수 있도록 운동을 꾸준히 하고, 금연을 하는 행동으로 나타났다.

아마도 유느님이 개인적인 목표나 계획이 없다는 것은 이러한 뜻일 것이다. '올해 연애대상을 타겠어!', '유재석 팬카페 회원 100만 명을 만들겠어', '이번 프로그램 반드시 시청률 1위를 만들겠어'와 같은 목표를 세우지 않는다는 의미였을 것이다. 이것들은 혼자 노력한다고 달성할 수 없는 목표이기도 하고, 가치관의 본질에서 벗어난 목표이기도 하다.

목표가 없어도 괜찮다고 안도하는 당신에게 물어보고 싶다. 당신은 강력한 비전 또는 현실에 대한 끈질긴 집중력. 이 두 가지를 가지

고 있는가? 아니면 둘 중에 하나라도 매우 강력해서 한 쪽을 끌어당

길 수 있는 정도인가?

모든 사람이 강한 비전과 끈질긴 행동력을 가지고 있지는 않다. 그

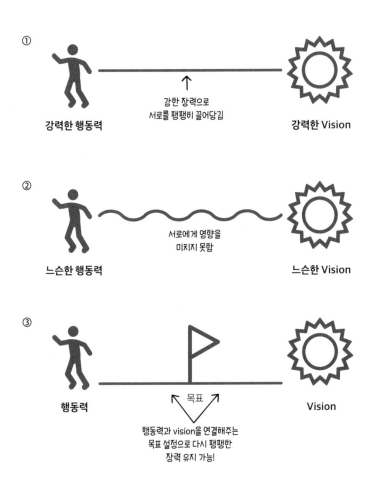

리고 같은 사람이라 해도 인생의 매 순간 이것들을 유지하고 있는 것도 아니다. 이런 사람들에게는 가치관과 행동력을 이어주는 '목표'라는 것이 큰 역할을 한다. 비전과 행동력 사이에 장력이 약하더라도, 중간에 그것을 이어주는 목표가 자리하고 있으니, 훨씬 도움을 받을 수 있는 것이다.

나는 딱 이런 사람인데, 무엇인가를 이루고자 하는 방향은 있지만 행동을 이끌 만큼 강렬하지 않다. 그리고 순간적인 행동력은 강하지만, 그 행동을 꾸준히 하는 것은 어려워하는 스타일이다. 이런 애매한 정도의 비전과 행동력, 그리고 평균 이하의 지구력을 가진 나는 이 둘 사이의 팽팽한 장력을 유지하는 데 목표의 도움을 많이 받고 있다.

당신이 지금 강력한 비전을 가지고 있고, 무서울 정도의 끈질긴 행동력을 가지고 있다면 목표가 없어도 된다. 그 둘 사이의 힘만으로도 인생을 이끌고 나갈 수 있기 때문이다. 그러나 이에 자신이 없다면 목표의 도움을 받으라고 말해주고 싶다. 이것이 '목표가 있어야만 할까?'에 대한 나의 답이다.

인어공주에게는 있고,
노트르담의 꼽추에게는 없는 것

'인어공주'에게는 있고, '노트르담의 꼽추'에게는 없는 것이 무엇일까? 물속에서 사는 인어공주는 물 밖에서 살아가는 왕자 사람을 사랑하게 되었고, 노트르담의 꼽추 콰지모토는 아름다운 집시 에스메랄다를 사랑했다. 이 둘 모두는 사랑이 이루어지기 힘든 상대를 뜨겁게 사랑했다는 공통점이 있는데, 그 사랑을 대하는 행동에는 상당한 차이점이 있었다.

인어공주는 첫눈에 왕자에게 반해 그 순간부터 온통 왕자에 대한 생각뿐이었다. 인어공주는 그저 '나는 왕자님이 너무 좋아'에 그치지 않고, '난 반드시 왕자님 옆에 가겠어', '왕자님과 행복한 시간을 보내고 싶어'라는 강력한 목표가 있었다. 그래서 그녀는 행동했다. 마녀를 찾아가 자신의 소중한 매력 포인트인 목소리를 내어주고, 두 다리를 받는 거래를 했다. 목소리보다는 다리를 가지는 편이 왕자님 옆에 가서 나를 알리고, 서로 사랑할 수 있는 목표를 이루는 데 더 나은 방법이라 생각했기 때문이다. 물론 인어공주의 이야기는 비극으로 끝나지만, 목표를 이루기 위한 적극적인 행동을 통해 그녀는 사람이 되었고 왕자 옆에 가보기까지는 할 수 있었던 것이다.

《노트르담의 꼽추》의 주인공인 콰지모토 또한 에스메랄다를 정말 사랑했다. 그러나 그는 '감히 내가…'라는 생각에 그녀를 바라보기만 했다. 그것만으로도 좋다고 생각했다. 그게 콰지모토의 목표라면 목표였을까? 콰지모토는 그녀와 함께 시간을 보내고 싶다는 어떠한 목표도 가지지 않았고, 그러다 보니 이어지는 행동도 없었다. 그저 그녀를 바라보기만 했다.

인어공주에게는 있지만 콰지모토에게는 없었던 것, 바로 '목표'다. 목표를 가지는 것은 자신이 원하는 것을 더욱 명확하게 만들어주고, 그것이 현실이 될 수 있게 스스로를 움직인다. 그냥 바쁜 것이 아니라, 원하는 것을 위해 제대로 시간을 쓰게 해준다. 인어공주가 그랬듯이 불가능한 상황에서조차 말이다.

목표는 성능 좋은 내비게이션 역할을 한다. 저쪽으로 가고 싶다는 방향성만 있고 실제로는 어떻게 가면 좋은지 막연하게 느껴질 때, 목표는 우리에게 구체적인 방향을 제시한다. 마치 길 찾기 어플리케이션에 현재 위치와 목적지를 찍으면 길을 제시해주듯 말이다. 내비게이션의 역할은 크게 세 가지이다.

첫 번째는 현재 위치에서부터 목적지까지의 전체 경로를 볼 수 있게 해준다. 즉, 큰 그림을 볼 수 있게 도와주는 것이다. 두 번째는, 목적지로 가는 가장 효율적인 방법을 선택하게 해준다. 가장 빠른 경로, 공사 구간이 없는 안전한 경로, 무료 경로, 골목길이 아닌 큰길 위주의 운전하기 쉬운 경로를 내 입맛에 맞추어 고를 수 있다. 즉, 나의 성향이나 상황에 따라 고를 수 있는 선택지를 제공해준다. 세 번째는, 현재에 집중하게 해준다. 원하는 경로를 선택하고 나면, 나는 이제 내비게이션이 안내해주는 대로 따라가기만 하면 된다. 운전 중에 이 길이 맞는 길인가 고민하지 않아도 된다. 믿을 만한 내비게이션은 온전히 운전에 집중할 수 있게 도와준다.

나는 좋은 내비게이션 덕을 톡톡히 본 경험이 있다. 제조·홍보·유통에 대한 경험이 전무했던 내가 〈블럭식스 플래너〉를 상품화 가능한 수준까지 퀄리티를 끌어올리고 크라우드펀딩 사이트 '텀블벅'을 통해 목표 금액 대비 1,224%의 상당한 관심을 이끌어낼 수 있었는데, 이 모든 성과는 명확한 목표를 설정했기 때문에 가능했던 것이라 생각한다.

〈블럭식스 플래너〉의 처음은 이랬다. 파워포인트를 사용해 플래너 꼴을 만들어 출력해서 쓰다가, 더 많은 사람들과 함께 쓰게 되었다. 내가 파워포인트로 만든 것은 플래너로써의 기능만 있지 디자인적으로 전혀 매력적이지 않았기 때문에, 나는 그림을 잘 그리는 친구에게 부탁해서 예쁜 그림으로 꾸며진 플래너를 배포할 수 있었다. 시간 관리에 더욱 도움이 될 수 있는 방향으로 플래너 내지의 형태를 조금씩 업그레이드하면서, 내 마음속에는 하나의 꿈이 생겼다. 이것을 상품화할 수 있을 만큼 퀄리티를 끌어올리고 싶고, 이에 대한 가치를 제대로 평가 받고 싶다고 말이다. 그런 마음을 가지고 있었던 것이 6개월 이상이었던 것 같다. 그렇게 마음속 안에 넣어 가지고만 있었을 때에는 그것을 현실로 만들기 위한 어떠한 행동도 하지 못했다. 그저 '언젠가' 하는 생각으로 말이다.

어느 날 이런 나의 꿈을 지인에게 이야기하게 되었고, 지인은 할 수 있다면서 크라우드펀딩 사이트를 이용해보는 게 어떠냐고 제안해주었다. '제조 쪽에는 전혀 문외한이었던 내가 돈을 주고 팔 만큼의 물건을 제작할 수 있을까? 홍보는 어떻게 하지? 배송은? c/s는?' 이러한 생각이 꼬리를 물면서 머릿속이 사나워졌다. 겁이 났다. 알지 못하는 세상으로 뛰어들어야 할 때, 두려움은 당연히 찾아오는 법이다.

한동안 고민하며 크라우드펀딩 사이트를 들락거렸다. 내 꿈은 상품화, 그리고 상품 가치에 대한 제대로 된 평가를 받는 것이었는데, 상품 가치에 대한 제대로 된 평가를 받기 위해서는 나를 모르는 사람들에게도 선택되어야 했다. 나에게 애정도가 없는 사람들도 좋다고 해주어야 이 시간 관리법이, 이 플래너가 스스로 커갈 수 있을 거라 생각했다. 그렇게 평가를 받기에는 크라우드펀딩 사이트를 이용하는 것이 좋은 방법이라 생각했다. 나는 일단 해보기로 했다. 나의 목표 내비게이션을 켰다. 현재 위치는 파워포인트로 만들어 프린트로 출력해서 쓰는 정도의 플래너를 가지고 있는 것, 목적지는 '2020년 11월 크라우드 펀딩에 블럭식스 플래너 런칭'으로 입력했다.

플래너이기 때문에 11월에서 더 늦어지면, 관심을 받을 수 없었다고 생각했다. 다이어리나 플래너가 관심받는 성수기에 반드시 런칭을 해야 했다. 이렇게 명확하게 마감 기한까지 가진 목표를 설정하니 목표를 가지지 않고 지낸 6개월의 행동과 불과 3개월 정도의 행동의 속도는 확연하게 달랐다.

'블럭식스'라는 이름도 이때 정해졌다. 이전에는 타임블럭 플래너, 타임블럭크루 플래너, 6블럭 플래너 등등의 이름으로 불러왔다. 이것을 상품화하기 위해서는 제대로 된 상표가 필요했고, 나와 남편은 머리를 맞대고 '블럭식스(BLOCK SIX)'라는 멋진 이름을 짓게 되었다. 그리고 이에 맞추어 표지를 디자인했다. 손으로 그리고, 손으로 그린 것을 파워포인트에 옮겨보았다.

내 친구와 남편 친구까지 총동원해서 툴에 맞게 디자인을 해줄 수 있는 지인을 구해 부탁했다. 또 수소문 끝에 마음씨 좋은 인쇄소 대표님과도 인연이 닿게 되었다. 인쇄소 대표님의 도움으로 종이 종류에 대해서도 공부할 수 있었다. 세상에 종이 종류가 이렇게나 다양하다는 것도 알게 되었다. 큰 문구점을 들러 내 생각 속의 플래너와 가장 비슷한 종이, 제본, 크기를 가진 플래너를 추려냈고, 여러 번의 샘플 작업 끝에 완성본의 형태를 결정할 수 있었다.

표지와 속지 디자인은 훨씬 업그레이드되었고, 처음 접하는 사람들도 사용할 수 있게 설명서를 친절하게 구성하려 노력했다. 늘 들고 다닐 수 있도록 하기 위해 작은 가방에도 들어가는 A5 사이즈를 선택했고, 노트가 쫙 펴지는 것을 개인적으로 좋아하기 때문에 실 제본 형태를 고르게 되었다. 그리고 나 또한 1년짜리 다이어리를 사서 다 쓴 적이 없었기 때문에, 아무리 예쁘고 좋은 플래너라도 끝까지 쓸 수 있게 만들어줘야 한다는 것을 가장 중요하게 생각했다. 이런 생각에 따라 한 달짜리 플래너로 만들었다.

한 달에 한 권으로 제형이 결정된 후에는 매달 고르는 재미를 위해 다양한 색상의 플래너를 만들고 싶다는 생각으로 연결되었다. 색상에도 의미가 필요했기에 나와 함께하는 타임블럭크루들의 라이프스타일을 4가지로 추려냈다. 크루 중에는 미라클모닝형 사람도 있었고, 미라클나이트형 인간도 있었다. 요가와 명상을 좋아하는 사람도 있었고, 미니멀라이프를 좋아하는 사람도 있었다. 이에 맞는 이미지를 찾아, 그 이미지에서 각 3가지 컬러를 뽑아내었다. 이러한 과정을 따라 플래너는 총 12가지 색이 되었다. 매달 플래너를 고르고, 마무리하면서 1년에 12번의 설렘과 12번의 뿌듯함을 느낄 수 있게 되길 바라면서 말이다. 어떻게 이런 생각이 났냐고? 나도 모르겠다. 그저 마음만 가지고 있을 때에는 전혀 진척이 없었는데, 가치관과 목표를 가지고 나아가다 보니 자연스레 탄생한 아이디어들이었다.

그 외에도 포장지를 찾으러 방산시장을 돌아다니고, 택배용 안전 봉투의 단가를 낮추기 위해서 수많은 검색을 하다 보니 봉투 박사가 되었다. 택배 기사님에게도 전화하여 협상해보기도 하고, 결국 내가 원하는 조건의 택배 계약도 따내게 되었다.

크라우드펀딩에 플래너를 알리는 상세 페이지를 적기 위해, 수많은 쇼핑몰 인기 상품의 페이지의 구성 방식을 공부했다. 플래너뿐만 아니라 음식, 화장품, 패션, 소품 할 것 없이 카테고리를 가리지 않고 살펴보았다. 후기가 먼저 나오는지, 제품의 특성이 먼저 나오는지, 길이는 얼마나 긴지, 후기에는 어떤 포인트에서 사람들이 열광하고 실망하는지를 살펴봤다. 그리고 제품 사진을 찍는 방식에 대해서도 공부했다. 각 플래너 색깔별로 어떤 테마로, 어떻게 사진을 찍으면 좋을지 포트폴리오를 작성한 후, 사진 찍을 때 필요한 배경지와 소품도 주문했다. 그리고 사진을 잘 찍는 지인의 도움으로 제품 사진도 찍을 수 있었다.

모두 처음 해보는 일이었다. 지금 생각해보아도 신기한 일이다. 명확한 목적지와 데드라인을 가진 목표가 없었다면 못했을 일이다. 정말이다. 그 와중에 어려운 일은 없었느냐고? 왜 없었겠는가? 처음에는 인쇄소 사장님이 하는 말의 대부분을 알아듣지 못했고, 플래너 총 인쇄 부수에 비해 색상이 너무 다양해서 단가를 맞추느라 애를 먹었다. 그리고 나 또한 '그냥 한 색깔로 해야 하나…'하고 처음의 마음이 갈팡질팡 흔들리기도 했다. 봉투 크기를 잘못 주문해서, 대량의 봉투가 고스란히 손실로 남기도 했다. 택배 송장 뽑는 것조차 제대로 하지 못해서, 송장 뽑는 데만 하루가 걸렸다. 그 외에도 크고 작은 어려움이 많았다. 그러나 이미 나의 목표 내비게이션은 길 안내를 열심히 해주고 있었고, 나는 멈출 이유가 없었다. 나는 안내에 따라 달리기에만 집중하면 되는 것이었다.

나의 가능성을 최대로 끌어올리는 목표의 힘

크라우드 펀딩의 결과는 어땠을까? 오픈 5분 만에 목표 금액 50만 원을 달성해서 상품으로 제작할 수 있게 되었고, 최종적으로 무려 1,224%의 성공을 거두었다. 나를 지지해주는 타임블럭크루들과 지인 외에도, 플랫폼을 사용하는 유저들도 〈블럭식스 플래너〉를 우연히 발견하고는 플래너의 의미에 반해 많은 후원을 해주었다.

1쇄 1,200부를 찍어 모두 완판을 하고 2쇄를 찍었다. 후기도 좋았고, 다음 버전으로 사람들이 무엇을 원하는지도 알 수 있게 되었다. '나의 목표였던 플래너를 상품화시킬 수 있는 수준으로 끌어올리고, 이에 대한 평가를 받는 것!'이라는 목표 달성은 대성공이었다. 나는 이 경험을 바탕으로 명확한 목표의 중요성을 잘 알게 되었다. 그리고 목표를 향해 나아가면서 점점 속도와 힘이 붙다 보니, 나 혼자 하기 힘든 부분이 있으면 도움을 요청할 용기도 생겼고, 생각지도 못했던 도움들을 받을 수도 있었다. 주변의 도움 없이는 절대로 성공시키지 못했을 과정들이다. 이러한 도움들을 받을 수 있을 것이라 미리 예견했냐고? 절대 그렇지 않다. 좋은 내비게이션은 목표로 가기 위해 현재에 집중할 힘을 주고, 또 목표로 무사히 갈 수 있도록 손 잡아주는 인연들이 선물과 같이 연결된다는 것을 믿게 되었다.

몇 개월째 바람만 가지고 있는 일이 있는가? 명확한 목적지와 마감 기한을 정해보자. 마감 기한은 길지 않을수록 좋은데, 너무 길면 지칠 수 있기 때문이다. 길어야 3개월이 넘지 않는 마감 기한을 설정하기를 추천하고, 그에 맞게 목표를 단계별로 가져가기를 바란다. 그렇게 당신의 목표 내비게이션에 현재 위치와 목적지를 입력하자. 그러면 여러분이 고를 수 있는 선택지를 내비게이션이 보여줄 것이다. 그중 하나의 길을 선택했다면 내비게이션을 믿고 운전에만 집중하자. 그렇게 집중해서 가다 보면 어느 순간 내비게이션이 말해줄 것이다.

"목적지에 도착했습니다. 안내를 종료합니다."

3

그래도 뭘 하고 싶은지
모르겠다는 당신에게

"그럼에도 불구하고 내가 뭘 하고 싶은지 나도 모르겠어요"라는 생각이 드는 당신을 위한 글이다. 이 글은 '그럴 때도 있지. 괜찮아. 나도 그럴 때가 있었어' 하는 얕은 위로의 글이 아니다. 오히려 목표에 대한 당신의 뿌연 고민을 명확하게 해줄 수 있는 글이다. 고민에 대한 안개가 걷히고, 내가 어느 지점에 서 있는지를 보게 되면서 답답함이 사라지고 나아갈 방향이 보일 것이다.

"수많은 인증으로 하루를 채워요. 독서, 신문 읽기, 운동 같은 것들이지요. 이 모든 것을 열심히 하고 있지만, 궁극적으로 내가 뭘 하고 싶은지 모르겠어요"라는 이야기를 참 많이 들었다.

목표란 무엇이기에 열심히 하루하루를 사는 사람에게도 채워지지 않은 허기를 주는 것일까? 목표에 대해 골똘히 생각하다 발견한

한 가지는, 크고 작은 다양한 목표를 '목표'라는 단 하나의 단어로 뭉뚱그려 생각하고 있다는 것이었다. 분리해서 생각해야 할 규모의 목표들을 한 단어로 뭉쳐서 고민하고 있으니 답답하고 답이 나오지 않는 건 당연한 것이 아닐까? 나는 이 덩어리들을 분리하기 시작했고, 분리하니 목표에 대해 더욱 이해하기 쉬워졌다.

목표의 규모로 나눠 분리해서 생각하자

목표를 아래와 같이 3가지 종류로 분류해보았다.

'소확행'형 목표 – 단기 성과 달성형 목표 – 원대한 목표

그리고 각 목표들을 가장 잘 설명할 수 있는 이미지를 찾았다.

목표의 종류

소확행형 목표   단기 성과 달성형 목표   원대한 목표

첫 번째, 소확행('작지만 확실한 행복'을 뜻하는 말)형 목표는 거품 그림이 어울렸다. 이 목표들은 쉽게 생기고 사라진다. 목표들이 생성되는 데 큰 이유가 없기도 하다. 어느 날 문득, 또는 누군가 하는 것을 보고 '나도 해보고 싶어!' 하는 정도로 생겨난다. 따라서 이루었다고 해도, 이루지 못했다고 해도 내 인생에 그다지 큰 영향을 미치지 않는다. 영향을 미친다고 해도 며칠간의 기분에만 영향을 미칠 뿐이다. 내 경우 이런 거품처럼 생겼다 사라지는 소확행형 목표가 상당히 많은 편인데, 서핑 배우기, 꽃꽂이 배우기, 부모님 모시고 크루즈 여행 가기, 매달 한 번은 서울의 새로운 장소 탐방하기 같은 것들이 있다.

두 번째, 단기 성과 달성형 목표는 깃발 그림을 그려주었다. 짧게는 며칠에서 길게는 1~2년에 걸쳐 명확한 도착 지점을 가지고 달려 나갈 수 있는 종류의 목표였다. 요즘 유행한다는 바디프로필 찍기, 내가 성공했던 크라우드펀딩에 플래너 런칭하기, 회사의 목표 달성하기, 그리고 지금 당신이 읽고 있는 이 책을 무사히 출판하기 같은 것들이 모두 여기에 속한다.

마지막, '원대한 목표'에 딱 알맞은 이미지를 찾았다. 뇌와 심장이 함께 있는 그림. 원대한 목표는 나의 뇌와 심장이 모두 빠져들 만한 수준의 목표이다. 이 원대한 목표는 소확행형 목표처럼 어느 날 뚝딱 생겨나는 것이 아니다. 이 목표는 생겨난다기보다는 '발견한다'라고 표현하는 것이 더 어울린다. 단기 성과 달성형 목표가 한 방향으로 꾸준히 쌓여 깊고 강하게 내 안에 뿌리내렸을 때, '이것에 나의 인생을 쏟고 싶어'라는 마음을 발견하게 되는 것이다.

이 세 가지 종류의 목표는 독립적일 수도 있고, 연결성을 가질 수도 있다. 특히나 소확행형 목표는 나머지 두 가지 종류의 목표와 독립적인 경우가 많은데, 수많은 소확행형 목표 중에 한두 개가 단기 성과 달성형 목표 또는 원대한 목표로 이어지기도 한다. '~했더니 ~하더라' 하는 이야기들은 모두 여기에 속한다. '매일 요가를 했더니 물구나무서기에 성공했더라', '매일 집 정리 하는 영상을 올렸는데, 10만 유튜버가 되었더라', '캘리크라피 원데이 클래스를 듣고 재미있어 꾸준히 연습을 했더니 강사자격증까지 따게 되었더라' 등 이런 종류의 성공담들 말이다. 자기계발서나 동기부여 유튜브를 보면 많이 나오는 이야기이다.

'뭘 할지 모르겠더라도, 지금 할 수 있는 것을 해보라.' 이 이야기들은 모두 소확행형 목표의 성장 가능성을 보고 하는 이야기들이다. 모든 소확행형 목표가 다음으로 이어지지는 않지만, 수많은 시도 끝에 다음 단계로 연결되는 보석을 찾을 수 있을지도 모르니까 말이다.

'내가 뭘 하고 싶은지 나도 모르겠어요'라는 이야기는 결국 뇌와 심장이 빠져들 만한 원대한 목표에 대한 고민일 것이다. 앞서 말했지만 원대한 목표는 생겨나는 것이 아니다. 한 방향으로 경험을 쌓아 '발견' 하는 것이다. 그리고 이것을 쉽게 찾아내는 사람은 극히 드물다.

지금 당신이 가지고 있는 크고 작은 목표들을 적어보고, 이것이 목표의 3가지 종류 중 어디에 속하는지 생각해보자. 그리고 '내가 뭘 하고 싶은지 나도 모르겠어요'라는 마음이 들게 하는 것은 셋 중에 어느 부분에 대한 해답을 찾지 못해서 그런 마음이 드는 것인지를 들여다보자. 원대한 목표에 대한 것이라면, 그것은 그리 쉽지 않은 발견이라는 것을 받아들이자. 그래도 포기는 하지 말고, 내 안을 살펴보자. 그리고 아직 뇌와 심장이 모두 빠져들 만큼 경험치가 쌓이지 않아서 원대한 목표가 생겨나지 않은 상태인지, 아니면 그저 '발견'만 하면 되는 상태인지 말이다.

4

목표에도
생애 주기가 있다

사람에게는 생애 주기가 있다. 영유아기, 아동기, 청소년기를 거쳐 청년기, 장년기에 인생의 꽃을 피우고 노년기를 보낸 뒤 인생을 마무리한다. 인간이라면 누구나 이 생애 주기를 거치며 살아가고, 각 단계별의 특징을 비슷하게 경험한다.

목표가 가지는 특징에 대해 깊이 생각하면서, 목표도 사람처럼 생애 주기 흐름을 가진다는 것을 알게 되었다. 이것을 발견하고 나니 "나는 왜 하나를 끈질기게 하지 못할까? 나는 왜 금세 지겨워질까?" 하는 자책에서 벗어날 수 있게 되었다.

목표는 탐색기를 거쳐 생성된 후 성장기와 정체기를 반복하다 성숙기에 접어든다. 하나씩 살펴보자.

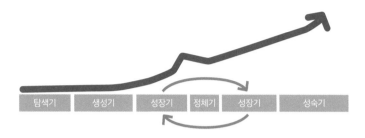

목표의 생애 주기

탐색기　생성기　성장기　정체기　성장기　성숙기

목표 탐색기

목표가 탄생하기 위해 꼭 필요한 단계이다. 이것저것 경험해보는 모든 것이 탐색기에 속한다. 예를 들어, 어린이, 청소년들이 직업 체험과 같이 다양한 직업을 체험해볼 기회를 주는 것은 탐색기를 충실히 보낼 수 있게 도와주는 것이고, 성인의 경우에는 그때그때 관심이 가는 것을 미루지 않고 시도해본다거나, 원데이 클래스를 통해 그 분야에 대한 얕은 이해를 가지는 것 정도가 포함된다. 여행도 다녀본 사람이 잘 다니고, 음식도 먹어본 사람이 잘 먹는다는 말이 있듯, 충분한 탐색기를 거쳐야 내가 어떤 사람인지를 더 잘 알고, 나에게 알맞는 목표와 난이도를 선택할 수 있게 된다.

목표 생성기

뷔페에 가서 이것저것 맛을 보다가 입맛에 맞는 음식은 한 번 더 떠오는 경험을 해본 적이 있는가? 탐색기 때 이것저것 해보다가 다른 것에 비해 특별히 더 재미있게 느껴지는 것이 나타났는가? '이거 한 번 잘 해보고 싶어' 하는 마음이 든다면 당신은 이제 목표 생성기에 접어든 것이다. 이때는 목표 분야에 대해 이해도가 낮기 때문에, 구체적인 목표 달성 지점을 설명하기 어렵다는 특징이 있다. 이때는 '~가 되어야지. ~을 달성해야지' 하는 목표 설정보다는 일단 꾸준히 그 분야에 대해 익숙해지는 노력이 필요하다.

예를 들어, 수영, 헬스, 필라테스, 스피닝 등을 전전하다가 요가에 특별히 재미를 느끼고, '요가는 제대로 잘해보고 싶어!' 하는 마음이 들었다고 가정하자. 당장에 '요가 강사가 되겠어'라는 목표 설정을 하기는 어려울 수 있다. 이 시기에 해야 할 가장 중요한 것은 목표를 키워나가는 모든 시기에는 그에 맞는 어려움도 함께 수반되는 법이라는 것을 받아들이는 것이다. 크고 작은 어려움에도 불구하고 다른 것보다 특별히 요가가 재미있게 다가왔다는 것을 기억하고, 꾸준히 시행하는 것이 중요하다.

목표 성장기

'왕초보 단계를 벗어났어! 점점 더 재미있고, 계속해보고 싶어!'라는 생각이 든다면 당신은 목표 성장기에 도달한 것이다. 목표 생성기보다 진지하게 몰입하며 자아를 키워나가는 시기이다. 목표에 몰두한 시간만큼 목표 분야에 대한 애정과 이해도도 깊어졌을 것이다. 그리고 목표 생성기 때와는 또 다른 난이도의 어려움이 있겠지만, 당신의 능력치가 상승하고 있으므로 그 어려움을 해결할 수 있는 힘도 생겼다.

목표 성장기에는 이제 제대로 된 목표 설정을 할 수 있게 된다. '요가 각각 동작의 완성도를 높이기 위해 추가 강의를 듣겠어!'라거나 올해까지 요가 강사 자격증 코스를 듣고 요가 실력을 업그레이드해보겠어!' 하는 것처럼 말이다. 무엇이든 좋다. 목표 성장기에 스스로에게 재미 또는 도전 정신을 줄 수 있는 적절한 목표가 재설정되지 않으면 금세 정체기로 빠지고 만다.

목표 정체기

실력이 빠르게 성장하는 재미를 느끼던 목표 생성기, 성장기를 지나면서 점점 성장이 느려지는 때가 온다. 모든 목표는 정체기를 지날 수밖에 없다. 목표 성장기와 정체기를 엎치락뒤치락 반복하다 보면 어느새 목표 성숙기에 도달할 것인데, 그러려면 목표 정체기를 잘 보내야 한다. 정체기가 온 이유에 대해 생각해보고, 너무 소진되었거나 잠시 멀리하고 싶은 생각이 있다면 '마감 기한'을 가지고 멀리하는 것을 추천한다.

예를 들면, '요가를 1개월만 쉬어야겠다'라고 정하는 것인데, 마감 기한을 가지지 않고 휴식기를 보내다 보면 이도저도 아닌 상태로 남을 수 있기 때문이다.

반대로, 성장 위주보다는 재미 위주의 활동을 이어나가는 것도 방법이다. 예를 들면, 요가 페스티벌에 참여해본다거나, 요가 여행을 떠나보는 것이다. 이런 재미 위주의 경험들은 정체기의 터널을 잘 보내고 다시 성장기로 접어들 수 있게 하는 데 큰 도움이 된다. 또 다른 방법으로는 그 분야와 연결된 새로운 분야를 함께 탐색하면서 흥미를 돋우는 것이다.

예를 들면, 플라잉요가를 배워본다든지, 싱잉볼 명상 요가를 배워보는 것이다. 요가에서 아예 동떨어지지 않으면서, 새로운 분야를 탐색할 수 있다는 점에서 정체기를 안전하게 보낼 수 있는 좋은 방법이다. 이 방법은 오히려 성장하는 목표의 범위를 확장시켜줄 수 있는 기회가 되기도 한다. '어! 요가만 재미있는 줄 알았는데, 플라잉요가도 신세계이구나!' 하는 발견을 할 수 있는 것처럼 말이다.

목표 성숙기

목표 성숙기는 목표 성장기, 정체기, 성장기를 지나면서 세운 목표는 달성한 상태다. 목표 성장기 단계에서는 '요가 강사 자격증을 따야지!' 하는 것이 목표였다면, 그것을 성취한 상태이다. 이로써 '이만하면 되었어'라고 생각하면서 목표는 성장을 종료할 수도 있고, '요가 강사 자격증을 땄으니, 이제는 코칭 스킬을 키우는 것을 배워봐야지!'하고 한 단계 더 발전된 목표가 생겨 다시 목표 생성기로 새로운 시작을 할 수도 있다.

목표 성숙기는 목표 분야에 몸담은 기간이 긴 만큼 깊은 애정도를 가지고 있으며, 자연스럽게 그 분야의 윤리의식이라던지, 책임감이 강화된 스스로를 발견할 수 있는 특징이 있다. 예를 들면 '한국의 요가 문화는 이렇게 나아갔으면 좋겠다'라는 의식이 생기고, 같은 분야에 몸담고 있는 사람들과의 연대의식이 깊어지는 것처럼 말이다.

나는 목표의 생애 주기를 나누고, 각 단계의 특징을 명확히 하게 되면서 나의 목표를 더욱 현명하게 컨트롤할 수 있게 되었다. 나는 제대로 할 줄 아는 운동이 없다. '요가 찔끔, 달리기 찔끔, 필라테스 찔끔' 하다 보니 얻게 된 결과다. 이러다 보니 스스로 '왜 이렇게 끈기가 없고, 변덕이 심할까?'라고 생각했다. 그런데 목표의 생애 주기를 이해하고 나서는 '운동에 있어서만큼은 끊임없는 탐색기를 거치고 있구나. 내가 변덕쟁이인 것이 아니라 아직 목표를 생성할 만큼 재미있는 운동을 발견하지 못한 거야!'라고 생각할 수 있게 되었고, 다음 운동으로 갈아타면서 오히려 '이번에도 즐거운 탐색이 되겠는 걸!'하고 스스로를 격려하며 탐색의 즐거움을 더욱 즐길 수 있게 되었다.

반대로 유튜브 채널 운영의 경우, 오랜 목표 정체기에 있음을 명확히 인지할 수 있었다. 예전에는 '하… 유튜브, 다시 해야지…'라고만 생각했는데, 이제는 어떻게 하면 정체기에서 다시 성장기로 빠져나올 수 있을까에 대한 방법을 생각해보게 되었다. 그랬더니 '편집의 강도를 줄여서 부담감을 덜자', 'v-log로 시간 관리 하는 방법이 재밌겠어' 하는 등의 아이디어가 다시 떠올라서 정체기에서 빠져나올 수 있었다.

당신은 주로 어느 단계의 목표에 머무르는 사람인가? 만약 스스로 자신이 탐색기에서 주로 머무르는 사람이라 생각된다면 스스로에게 질문해보자. 아직 당신에게 충분한 탐색기가 더 필요한지, 아니면 목표 생성기로 넘어가는 어떠한 장벽이 있는지도 말이다. 또, 정체기의 문턱을 잘 넘지 못하는 경향이 있다고 생각이 된다면 예전에 정체기를 극복한 경험이 있는지, 그 경험을 어떻게 적용하면 좋을지 생각해보자.

그리고 지금 당신이 가지고 있는 크고 작은 목표들을 모두 적어보자. 지금의 목표들이 다음 단계로 잘 넘어가기 위해서는 당신이 지금 해야 할 것이 무엇인지도 생각해보자. 목표의 생애 주기를 잘 이해하고, 스스로 진단할 수 있다면 목표를 대하는 당신의 자세를 더욱 현명하게 컨트롤할 수 있을 것이다. 적당히 하다 멈추는 것을 너그럽게 지켜볼지, 지금은 끝끝내 해내야 하는 시기라고 뒤에서 밀어줄지 말이다.

시간 관리 성공 사이클 이해하기
'계획-실행-점검'

지금까지 당신은 어떤 흐름으로 시간 관리를 해왔는가? 지금부터 할 이야기는 내가 이 책을 통해 두 번째로 강조하고 싶은 개념이다.

계획을 세우고, 실천하기. 여기까지는 대부분 잘해왔을 것이다. 그런데 빠진 것이 하나 있다. 바로 점검이다. '했다, 안 했다'를 체크하는 점검 이상의 것 말이다(점검을 실행하는 상세한 방법은 6장에 적어두었다). 블럭식스로 시간을 시각화하는 것이 〈블럭식스 시간 관리 시스템〉의 '블럭식스' 자체를 뜻하는 것이었다면, '계획-실천-점검'의 사이클 개념은 〈블럭식스 시간 관리 시스템〉에서 '시스템'에 해당하는 부분이다. 하루를 6블럭으로 나누어 시각화하는 것만큼 중요한 것이 블럭식스를 통해 계획-실천-점검의 사이클을 멈추지 않고 굴리는 것이다.

사실 이것은 PDCA라고 불리는 생산성 개념이다. Plan(계획하고)-
Do(실행하고)-Check(점검하고)-Act(점검 사항을 보완한다)는 의미이다.
이 PDCA 사이클을 모르고서 생산성을 논할 수가 없다. 이 개념은
산업혁명 시대에 공장의 효율성을 극대화하기 위해 생겨난 개념인
데, 지금은 제조업뿐만 아니라 폭넓은 분야에서 적용되고 있다. 다음
의 예시를 보면, 우리의 거의 모든 생활 속에 PDCA 사이클이 녹아
들어 있는 것을 알 수 있다.

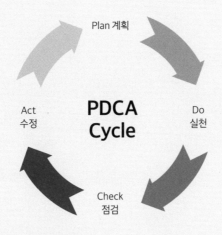

학생의 PDCA 사이클

학생의 시험 기간을 생각해보자. 시험공부 전, 시험공부 계획을 세
운다(Plan). 며칠 남았고, 분량은 어느 정도인지에 따라서 공부 계획
이 세워지는 것이다. 그러고는 계획에 따라 공부를 한다(Do). 다음으

로는 내가 공부한 게 맞는지 확인하기 위해서 문제를 푼다(Check).
마지막으로 오답 노트를 만들어 다시 공부한다(Act). 이렇게 계속 시
험 기간이 다가올 때까지 이 사이클을 반복하면서 시험공부를 한다.

교수의 PDCA 사이클

다음은 대학 교수의 예시다. 교수의 경우에는 한 학기 시작하기
전 강의 계획안을 만든다(Plan). 그리고 그것에 맞춰서 수업을 하고
(Do), 한 학기가 끝나고 나서 강의 평가를 받는다(Check). 그다음 강
의 평가 결과를 바탕으로 다음 학기에 어떤 것을 수정 보완하면 좋을
지를 참고하여 다음 학기 계획을 세운다(Act). 이것이 교수의 PDCA
사이클이다.

회사원의 PDCA 사이클

회사는 말할 것도 없다. 프로젝트의 크기가 크든 작든 상관없이,
모든 프로젝트는 PDCA 사이클로 돌아가게 된다. 프로젝트 계획안
을 짜고(Plan), 계획안대로 실행하고(Do), 얼마만큼 프로젝트가 성과
가 났는지 효과 평가를 하고(Check), 거기에 따른 후속 조치를 취한
다(Act).

병원에서의 PDCA 사이클

우리가 팔이 부러져서 병원에 갔을 때를 상상해보자. '이때도 PDCA 사이클이 적용된다고?'라고 물어본다면, 당연히 YES이다. 팔이 부러져서 병원에 가서 의사 선생님을 만난다. 의사는 진료하고 치료 계획을 세운다. "깁스를 한 3개월 정도 하고, 약을 먹으면서 지켜봅시다" 이런 말 자체가 계획 단계이다(Plan). 그리고 계획대로 우리는 깁스를 한다(Do). 그리고 몇 주 뒤, 병원에 가서 엑스레이를 찍어본다(Check). 그것을 본 의사 선생님은 우리에게 이렇게 말한다 "깁스를 생각보다 빨리 풀 수 있겠네요!" 아니면 "아… 한 달 더 해야 될 것 같아요(Act)" 같은 식으로 말이다.

이런 방식으로 주변을 관찰하면, PDCA 사이클의 예시는 무궁무진하게 찾을 수 있다. 여러 가지 예시로 PDCA 사이클이라는 개념이 쉽게, 친근하게 와 닿았을 것이라 생각한다. 그러면 생각해보자. 이렇게 유용한 PDCA 사이클을 일과 시간에는 잘 적용하고 있는데, 정작 내 삶에는 적절히 적용하고 있는가?

하루를 6블럭, 일주일을 42블럭으로 나누는 블럭식스에 PDCA 사이클을 붙여서 내 인생에 도입한다면 당신은 강력한 시간 관리 시스템을 가지게 되는 것이다. 다시 한 번 말하지만 좋은 시스템은 좋은 결과를 낳는다. 4장·5장·6장에 걸쳐서는 계획하고, 실천하고, 점검하는 단계에서 알아야 할 상세한 전략에 대해 이야기하겠다.

4

Plan
: 실천력을 높이는
계획 세우기

1
주간 계획, 지키기 힘들어도 반드시 세워야 하는 이유

직장인이든, 프리랜서이든, 주부이든, 학생이든 우리가 공통적으로 행복감을 느낄 땐 언제일까? 2년 동안 꾸준히 나와 타임블럭크루들의 행복감을 들여다본 결과, 바로 내 시간을 내 스스로 계획할 수 있고, 계획한 대로 실천할 수 있을 때 우린 주로 '행복하다'고 느꼈다. 여행을 갈 때, 맛있는 것을 먹을 때, 시험이 끝났을 때와 같은 순간이 주는 행복은 정도가 얕고 오래가지 않았다면, 공부·일·놀기 등 무엇이 되었든 간에 내가 계획한 것을 어떤 방해에도 불구하고 실천할 수 있었을 때 우리는 '행복해!'라고 거리낌 없이 말할 수 있었다.

이렇게 우리를 시간에 대한 통제력을 가진 '시간을 지배하는 자'로 성장시켜주고, 이것이 잘 유지될 수 있도록 잡아주는 비밀은 바로 '주간 계획'을 세우는 것이다.

이런 질문을 받은 적이 있다. '왜 하필 주간 계획인가요? 연간·분기 계획이나 월간 계획, 또는 하루 계획이 아니라 왜 일주일 계획이 중요한가요?'하고 말이다. 우선 '목표' 챕터에서도 이야기했듯이 사람마다 가지고 있는 목표의 종류와 생애 주기가 다르기 때문에, 모두가 연간·분기·월간 계획을 세울 수 있는 것이 아니다. 그리고 이 셋 중에서도 가장 작은 범위의 월간 목표를 가지고 있다고 해도, 이 목표를 현실적인 계획으로 내 삶에 녹이기는 쉽지 않다. 그렇게 한 달 치를 한 번에 계획한다고 해도, 상당히 많이 수정될 것이다. 사실 우리는 당장 오늘 오후에 내가 계획한 일정이 지켜질지, 아니면 상사가 급히 지시한 일을 하느라 내 계획을 지키지 못하게 될지도 모르는 상황이지 않은가?

반대로 하루 계획만 세운다면 어떨까? 하루하루를 열심히 살 수는 있겠으나 삶 전체의 균형을 바라보기가 어렵다. 주간 계획을 세우다 보면 자연스럽게 일주일을 내 인생의 축소판이라 생각하고 고민하는 시간을 가지게 된다. 지금 현재 집중해야 할 것과 그것을 위해 비워야 할 것, 일-가족-나-사회관계의 밸런스에 대해 생각하게 되는 것이다.

사실 나는 꽤 오랫동안 하루 계획만 세우고 살아왔다. '하루하루 열심히는 사는데, 내가 어디로 가고 있는지?'에 대해 생각할 기회도 없었고, 그러다 보니 그때그때 나를 요청하는 것들에 내 소중한 시간을 기준 없이 내어주며 끌려 다니는 생활을 하고 지냈다. 끌려 다니는지도 모른 채 말이다.

일주일은 미래와 현재를 함께 볼 수 있는 가장 좋은 기간이다. 삶의 균형을 챙길 수 있으면서도, 매일 해야 할 것들을 현실성 있게 행동으로도 바꿀 수 있다. 나무와 숲을 한번에 조망할 수 있는 적절한 거리라 생각한다.

나는 보통 일요일 오후부터는 가능하면 집에 있는 시간으로 비워두는데, 마음을 차분히 하고, 다음 주를 준비하는 시간으로 보내기 위해서이다. 주말 언제라도 좋다. 단 30분만이라도 내어서 자신만의 시간을 가져보자. 플래너를 펴고 다음 한 주를 계획해보자. 텅 빈 일주일 42블럭에 회사나 학교 같은 고정 시간을 적고, 그 주에 미리 예정된 약속이 있는 것도 적어보자.

그러고는 남은 블럭이 몇 개인지 숫자를 세어보자. 이번 주 내가 자유롭게 사용 가능한 블럭은 몇 개인가? 그리고 그 소중한 블럭들을 무엇에 사용하고 싶은지 선택하자. 이번 주는 시험기간이라서 '공부'가 제일 중요한 학생 A는 '공부 블럭'이 제일 많을 것이다. 필요하다면, 생각 없이 이미 잡아둔 친구와 영화 보기로 한 약속은 양해를 구하고 취소해야 할지도 모르겠다. 바쁜 프로젝트가 일단락된 회사원 B의 경우, 이번 주는 그동안 못 만났던 친구 또는 가족과 시간을 보내야겠다고 생각해서 평일 오후 블럭과 주말 블럭에 미리 약속을 잡는다. 그럼에도 화요일, 목요일 저녁에는 반드시 운동을 가는 것만은 놓지 않겠다고 마음을 먹고 '운동'이라고 적어 넣는다. 이렇게 심혈을 기울여 지금 나에게 가장 중요한 것을 생각하고, 해야 할 것과 하고 싶은 것들의 균형을 맞추어 일주일의 시간을 선택한다.

균형을 맞추고 통제력을 갖도록 하는 힘

그런데 이렇게 세운 일주일 계획이 잘 지켜지냐고? 당연히 이대로 지켜지지 않는다. 나 또한 한 주를 살아가면서 주간 계획이 많이 수정되는 편이다. 그럼에도 불구하고 주간 계획을 세워야 하는 이유는 무엇일까?

회사원 B가 화요일에 퇴근하고 운동을 가려고 하는데 친구에게 연락이 와서 '치맥'이나 하자고 한다. 주간 계획을 세우지 않은 회사원 B라면 그날의 기분에 따라 친구의 연락에 응했을 것이다. 주간 계획을 세우기 이전의 나라면 사람을 좋아하고 즉흥적인 편이라 100% 운동 가려던 마음을 아주 쉽게 버리고 친구를 만나러 갔을 것이다. 그러고는 며칠이 지나서야 '아… 이번 주 운동을 한 번도 못 갔네'하고 후회할 것이다.

그런데 주간 계획을 세운 회사원 B라면 어떨까? 회사원 B는 주간 계획을 세울 때, 다른 시간은 많이 놀더라도 화요일 목요일에 운동 블럭만큼은 사수해야겠다고 계획했다. 이런 그에게 친구가 연락해왔다면? 즉흥적인 성격의 나조차 주간 계획을 세운 다음부터는 그런 요청이 오면 플래너를 펴본다. 그러고는 생각한다. '다른 건 몰라도 화요일, 목요일은 운동을 꼭 가기로 했는데… 어쩌지? 운동을 가지 않기로 선택을 할 만큼 지금 친구를 만나러 가고 싶은 거야?' 아니면 '지금 친구랑 놀고 싶은데… 친구를 만나러 가면 오늘 못한 운동을 이번 주에 할 시간이 있나?' 하고 어떤 시간을 선택할지, 무엇을 더욱 우선순위로 둬야 할지, 그리고 모두를 갖기 위해 조정해볼 수 있는 여지가 있는지를 고민해보게 된다. 운동을 하고 못하고, 친구를 만나고 안 만나고가 중요한 것이 아니다. 그 선택을 얼마만큼 능동적으로 했는지가 중요한 것이다. 자신의 힘으로 시간을 선택하는 경험이 쌓일수록 '나는 내가 주도하는 삶을 살고 있어. 더 이상 끌려 다니지 않아!' 하는 느낌을 받을 수 있는 것이다. 때문에 계획을 지키는 것과 관계없이, 일주일 단위의 계획을 세우는 것은 시간 통제력을 높이는 소중한 기회이다.

"일주일을 계획해보는 시간을 가지며 더 이상 월요일이 두렵지 않게 되었어요."

"일주일 단위로 삶의 밸런스를 생각하는 기회를 가진다는 것이 너무 소중해요. 바쁘다는 이유로 저를 위한 시간은 포기하고 산 지 오래인데, 일주일에 조금이라도 나만을 위한 블럭을 만들어내니 이것이 저를 얼마나 활기차게 만드는지 몰라요!"

"주간 계획을 안 세우고 일주일을 보냈더니, 어디에 집중해야 할지 몰라 일주일이 너무 산만하게 느껴졌어요. 역시 주간 계획은 세우고 한 주를 시작해야 해요!"

이미 많은 사람들이 실천 여부와 상관없이 일주일의 시간을 어떻게 보낼지 선택하는 이 기회가 시간 통제력을 높이는 핵심 열쇠라는 것을 안다. 당신도 경험해보고 싶지 않은가?

꾸준히 한 달만 해보자. 단 4번만 주간 계획을 세우는 것을 진심으로 대한다면 당신은 지금보다 '시간을 지배하는 능력'이 +10 되어 있을 것이다.

블럭식스에 다음 주를 계획해보세요

	MON	TUE	WED	THU	FRI	SAT	SUN
1							
2							
3							
4							
5							
6							

주간 계획 세우는 STEP 3

Step 1. 일주일 42블럭 안에 일, 수업, 약속 등 고정된 일정을 적어주세요.

Step 2. 나머지 블럭에 하고 싶은 것들을 써 넣어보세요. 운동, 영화 보기,

배우고 싶은 분야의 강의 듣기, 휴식, 여행 등! 무엇이든 좋습니다.

Step 3. 당신이 이번 주에 제대로 해내고 싶거나, 즐기고 싶은 것에 충분한

시간 블럭이 할애되어 있나요? 당신이 만족하는 밸런스를 찾을 때

까지 우선순위가 상대적으로 낮은 일에 할애된 시간 블럭을 비우

고, 더 중요한 것을 선택하세요.

2

쇼핑리스트 잘 적는 사람이
하루 계획도 잘 세운다

오늘은 실전이다. 실전을 제대로 살기 위해서는 주간 계획보다 훨씬 세부적인 하루 계획이 필요하다. 일간 계획은 하루 6개의 블럭을 대표하는 단어뿐만이 아니라 각 블럭별로 놓치지 않고 챙겨야 할 것들이 많기 때문이다.

먼저 6개 블럭의 제목을 적으면서 하루 전체의 흐름을 잡아놓고, 세부적인 할 일들을 각 블럭 옆에 적는다. 이것이 일반적인 체크리스트 즉, 생각나는 대로 쭉 적어내려간, 또는 시간 순서대로 쭉 적어내려간 투두(to-do) 리스트와 어떤 차이가 있을까?

나는 쇼핑리스트를 적는 것과 하루의 계획을 적는 것에 많은 공통점이 있다고 생각하는데, 우리에게 더 익숙한 쇼핑리스트를 예로 들어 설명해보려 한다.

[쇼핑리스트 1]

차돌박이, 참기름, 고사리, 소금, 맥주, 상추

[쇼핑리스트 2]

차돌된장찌개: 차돌박이, 상추(함께 먹어야지)

나물 반찬: 고사리, 참기름, 소금

음료: 맥주

[쇼핑리스트 1]과 [쇼핑리스트 2]에서 사야 할 항목은 똑같다. 그러나, 이 둘 사이에는 큰 차이점이 있는데 [쇼핑리스트 1]에는 사야할 식재료를 나열해 적었고, [쇼핑리스트 2]는 오늘 저녁 식탁에 올라갈 메뉴를 적고 그 옆에 그 요리를 만들기 위해 어떤 재료를 사야하는지 적었다. 즉, 무엇을 위해 이 재료를 사야 하는지가 명확하게 적혀 있다.

확실히 [쇼핑리스트 1]보다 [쇼핑리스트 2]를 들고 장을 보았을 때 계획대로 장을 볼 가능성이 더 커진다. 쇼핑리스트를 적지 않는 것보다는 훨씬 낫지만, [쇼핑리스트 1]은 '무엇을 위한 쇼핑'인지가 명확하지 않기 때문에, 마트에서 좋아 보이는 재료에 마음이 빼앗겨 '된장찌개, 나물 반찬'을 사러 왔다는 것 자체를 잊고 마트를 헤매게 될 수 있다. 심한 경우 된장찌개, 나물 반찬은 머릿속에서 깨끗이 사라지고 정신 차려 보니 저녁에 카레를 먹고 있는 자신을 발견하게 될지도! 하하, 맹세코 내 이야기는 아니다.

반대로 [쇼핑리스트 2]를 가지고 쇼핑을 하면 계획대로 쇼핑하게 될 확률이 높아지는 이유는 '목적성'이 분명하기 때문이다. '무엇을 위해 이것을 사는가?'가 보이기 때문에 메뉴를 위한 완벽한 쇼핑을 하게 된다. 오히려 쇼핑리스트를 적을 때 잊었지만 필요한 재료까지도 생각하게 될지도 모른다. 또한 상황에 따른 계획 수정도 더 유연하게 할 수 있다. 장 보러 간 날에 차돌박이보다 해물이 더 싱싱하고 저렴하다면, '그래 오늘은 차돌박이 안 사고 조개 사야지. 오늘은 해물된장찌개다!'하고, 차돌된장찌개에서 해물된장찌개로 메뉴를 계획적이고도 유연하게 수정할 수 있는 것이다.

하루의 계획을 세울 때도 마찬가지이다. [쇼핑리스트 2]처럼 큰 주제 아래 투두 리스트를 적어야 한다. 이미 경험해봤을 수 있겠지만, '무엇을 위한 것인가?'를 나타내주는 큰 주제 없이 투두 리스트만 나

투두(to-do) 리스트만 나열된 그림 vs 블럭 안에 리스트가 있는 그림

□ 3pm 회의		
□ 보고서 초안 작성		
□ 자료 조사		
□ 키워드 추출	VS	
□ 회의 자료 준비, 회의실 확인		
□ project A 회의실 예약, 일정 공유		
□ 3시 회의 내용 정리, 공유		

3	회의	□ 3pm 회의
		□ 보고서 초안 작성
		□ 자료 조사
4	A project 업무	□ 자료 조사 → 키워드 뽑아내기
Dinner		□ 보고서 초안 작성
		□ 회의실 예약, 회의 일정 공지
5		□
		□

열된 것은 목적성을 잃고, 우리를 딴 짓으로 흘러가기 쉽게 만든다.

특히, 우리 하루는 계획대로 흘러가기 힘든 경우가 많은데, 왜냐하면 우리는 주변의 많은 사람들과 관계를 맺으며 하루를 보내기 때문이다. 따라서 계획대로 지내려고 노력을 하면서도, 상황에 따라 유연하게 계획을 수정하는 자세가 나를 위해서도 타인을 위해서도 좋은 경우가 많다. 블럭 제목을 쓰고, 그 안에 투두 리스트를 적는 방법은 이러한 상황에서도 빠르게 대처하게 만들어준다. 내가 이 일을 무엇 때문에 하고 있는지가 명확해지고, 그에 따라 일의 경중·시급성 등이 쉽게 판단될 수 있기 때문이다. 마치 시장 상황에 따라 차돌된장찌개에서 해물된장찌개로 빠르게 수정이 가능한 것처럼 말이다!

지금까지 당신은 하루를 어떻게 계획하고 적어왔는가? 하루를 본격적으로 시작하기 전, 하루의 스케줄을 확인하고 생각나는 대로 투두 리스트를 쭉 적고 지워가는 형식으로 하루를 살고 있었는가? 가끔은 '시간이 없는데 할 일이 너무 많아!'하고 마음만 조급해지지는 않았는지 물어보고 싶다. 이렇게 블럭으로 하루를 구분하고, 그 안에서의 투두 리스트를 적게 되면, 우선 지금 당면한 블럭에만 집중할 수 있기 때문에 다른 할 일들에는 신경을 끄게 된다. 똑같은 개수의 할 일을 적었다고 해도, 그냥 해당 블럭이 되었을 때 그 일을 하면 되니 더욱 여유로운 마음으로 일할 수 있게 된다. [쇼핑리스트 2]를 예로 들면, '오케이! 차돌된장찌개 재료는 다 담았으니, 이제 나물 반찬

재료를 사러 가볼까?' 하는 것처럼 말이다.

나는 자기 전에 내일의 6개 블럭을 꼭 적은 후 잠들고, 일어나서 하루를 본격적으로 시작하기 전에 다시 본다. 그 6개의 단어만 보아도 하루의 굵직한 흐름이 그려지고, 6블럭 중 어디에 더 힘을 주고, 어디에 조금 힘을 빼도 좋은지에 대한 리듬감이 잡힌다는 점이 나에게 상당한 안정감을 준다.

그러고는 각 블럭 안에 챙겨야 할 세부적인 것을 적는다. 하루를 시작할 때 한 번 적고, 각 블럭이 시작하기 전에 더 디테일하게 사항을 추가하기도 한다. 이렇게 블럭 단위로 나누어 세부 사항을 챙기니 또 하나 좋은 점은, 다음 블럭으로 넘어가야 할 시간이 되었는데, 지금 다 못 끝낸 일이 있을 때 이것을 이어갈지 끊고 갈지를 결정할 수 있게 되었다는 점이다. 구분 없이 나열된 체크리스트를 쓸 때에는 일이 한 번 밀리면, 전체가 밀려버리는 경험을 자주 했는데, 이렇게 구분하고 나서는 더 이상 도미노처럼 일이 밀리는 일이 사라졌다.

블럭식스로 세운 하루 계획의 장점을 요약하자면 무려 5가지나 된다.

1. 블럭 6개의 이름만 보아도 하루의 굵직한 흐름이 읽힌다.

2. 일의 목적성이 분명해진다.

3. 유연하게 상황에 대처할 수 있게 된다.

4. 지금 하는 일에 여유를 가지고 집중하게 된다.

5. 하나가 밀리면 도미노처럼 일이 밀리는 것이 줄어든다.

더 간단하고 쉬운 방법으로 당신의 삶에 변화를 줄 수 있는 방법!
당장 당신의 삶에 적용하지 않을 이유가 없지 않은가?

/ 날짜 및 요일		
¹ Zone 1	☐ ☐ ☐ Zone 2	Zone 3
2	☐ ☐ ☐	
3	☐ ☐ ☐	
4	☐ ☐ ☐	
5	☐ ☐ ☐	
6	☐ ☐ ☐	

하루가 한눈에 정리되어 실천력을 높여주는 '블럭식스 데일리' 적는 법

Zone 1. 오늘 하루의 흐름을 생각해보고, 제일 중요한 키워드 6개를 뽑아

서 적습니다(예시: 모닝 루틴, 업무, 보고서 쓰기, 독서, 운동, 가족 행사, 데이

트, 영화, 친구, 산책, 휴식 등).

ZONE 2. 각 블럭 안에서 해야 할 세부적인 내용들을 적습니다.

ZONE 3. 각 블럭을 마치고 느낀 평가나 해당 블럭에 생긴 에피소드와 감정

들을 적습니다.

3
코어 블럭, 적당히 좋은 삶이 아닌 상당히 만족하는 삶으로

"별문제 없는 삶이 가장 큰 문제일 수 있다."

시간 관리를 통해 우선순위에 대해 더 자주, 더 깊이 생각하면서 내 삶이 깨어나고 있을 무렵 나를 가장 두렵게 만든 생각이다. 연봉 7,000만 원이 넘는 안정적인 직장, 적당히 재미있는 일, 소소한 주말 일상. 대단히 만족스럽지도, 그다지 불만족스럽지도 않은 일상이었다. 아무런 리스크도, 어떠한 도전도 없는 일상 속에 기억에 남는 것도 없고, 성장도 없는 일상이 언제부터인지 모르게 지속되고 있었다는 사실을 발견하고, 나는 소스라치게 무서웠다. '난 무엇을 위해 사는 거야?', '사는 게 즐거워?', '내일이 기대돼?'라는 질문에 스스로 대답할 수 없었을 때, 나는 무언가 잘못되고 있다고 생각했다. 별문제

없는 내 일상이 가장 큰 문제였다.

일주일 42블럭의 계획을 세워보았을 때, 그중 당신이 가장 중요하게 생각하는 것은 무엇인가? 일, 가족, 운동, 독서, 집안일, 친구, 취미 생활 등등 수많은 종류의 블럭들 중에서 '반드시' 계획대로 살아내고 싶은 블럭은 무엇인가?

나의 일주일을 채우고 있는 다양한 일들 중에 아파도, 귀찮아도, 졸려도, 피곤해도 반드시 사수하도록 노력할 블럭. 나는 이것을 코어 블럭(core block) 이라고 부른다. 결국 그것은 내가 어디에 중심을 두고 살지에 대한 이야기다.

상체 운동, 하체 운동처럼 코어 운동이라는 종류의 운동이 따로 있다. 몸의 중심을 잡아주는 근육을 단련시키는 운동인데, 코어가 탄탄하면 균형 잡힌 몸이 되기 때문에 운동에서 코어를 키우는 것은 상당히 중요하게 여겨진다.

마찬가지로 코어 블럭은 내 삶의 구심점을 만들어가는 것으로 '어디에 포커스를 맞추고, 그것만큼은 제대로 해낼 것인가?' 하는 질문으로부터 시작된다. 수많은 종류의 블럭 중에 이유 불문하고 지켜내고 싶은 것을 코어 블럭으로 정하는데, 코어 블럭의 종류는 사람마다 다르고 또는 같은 사람이라고 해도 시기마다 다를 수 있다.

누군가는 모닝 루틴을 사수하는 것을 코어 블럭으로 여긴다. 다른 건 몰라도 일찍 일어나서 나만의 시간을 가지는 것만큼은 해내겠다고 선택하는 것이다. 또 누군가에게는 운동 블럭을 사수하는 것이 코어 블럭이다. 독서를 좀 못하더라도, 친구를 좀 덜 만나더라도, 텔레비전을 좀 덜 보더라도 운동만큼은 계획만큼 해내겠다는 선택이다. 또 너무 일만 하고 사는 누군가에게는 휴식 블럭이 코어 블럭이 될 수 있다. 정해진 휴식 시간에 일을 하지 않고 쉬는 것. 그것이 누군가에게는 어렵고, 신경 써서 챙겨야 하는 과제인 것이다.

나의 경우 최근 두 달간의 코어 블럭은 글쓰기였다. 운동을 계획만큼 못해도, 책을 좀 못 읽어도, 친구들과 만나는 시간을 좀 줄이더라도 글쓰기 블럭을 사수한 날은 뿌듯했다. 반면, 다른 것은 다 잘했더라도 글쓰기를 원하는 만큼 하지 못한 날은 자려고 누우면 마음이 텅 빈 느낌이었다.

코어 블럭의 종류는 딱 한 가지만 정하기를 권한다. '독서, 운동, 건강한 식사하기' 이렇게 코어 블럭을 3개나 정하는 분들이 있기도 하다. 물론, 모두 잘 해내고 싶은 마음은 이해하지만, 여러 개가 중요하다는 것은 어느 하나 특별히 중요한 것이 없고, 셋 다 적당히 중요하다는 의미로 스스로에게 입력될 수 있다. 따라서, 그중 어느 하나도 제대로 지켜지지 않을 확률이 크다. 어떻게 해서든 사수하고 싶은 단한 가지 종류를 골라서 당신의 코어 블럭으로 정하자.

그리고 그 코어 블럭이 당신이 원하는 목표에 도달할 수 있을 만큼 시간의 양이 충분한지, 충분하지 않다면 어떻게 더 확보할 수 있을지를 생각해보자. 그런 다음 당신이 정한 양 만큼의 코어 블럭을 일주일 동안 어떻게 해서든 지켜내려고 노력하자. 나의 경험상 한 종류도 제대로 지켜내기 쉽지 않기에, 코어 블럭은 먼저 한 가지로 시작해보길 바란다. 코어 블럭을 무엇으로 할지 생각하고, 왜 이것을 코어 블럭으로 선택했는지 스스로에게 물어보고, 코어 블럭의 양만큼을 지키려고 노력하는 과정은 당신의 인생의 구심점을 점점 단단하게 만들어 줄 뿐만 아니라, 목표를 달성할 수밖에 없는 근육을 만드는 좋은 트레이닝 방법이 될 것이다.

매주 코어 블럭을 정하고 지키려고 노력하는 시스템이 정착된 크루들은 한 주를 돌아보며 이렇게 이야기한다. "일주일 동안 잘 지켜진 것도 있고, 그렇지 않은 것도 있지만, 코어 블럭은 잘 지켜졌기 때문에 한 주를 잘 보냈다고 느껴져요!"하고 말이다. 반대로 이런 경우가 생길 수 있다.

타임블럭크루인 주원 님은 직장인이고 중요한 시험을 준비 중에 있다. 그녀는 평일 저녁과 주말을 이용해 공부를 하며, 공부 블럭을 코어 블럭으로 정했다. 어느 날 주원 님이 지난 한 달을 리뷰해본 뒤, 이런 말을 했다. "이번 달 건강이 좋지 않아서 공부를 많이 못했거든요. 그런데 한 달 리뷰를 해봤더니 행복하게 보낸 시간도 많았더라고요. 관계적인 측면에서나 업무적인 측면에서 어느 때보다도 흡족한 시간을 보냈는데, 코어 블럭을 제대로 못해내고 있다는 생각에 자책을 많이 한 것 같아요."하고 말이다.

물론 자신에 대해 자책만 하는 것보다 좋았던 면을 찾아내고 스스로를 다독이는 것은 중요하다. 그러나 나는 이 대화 속에서 매우 중요하고도 좋은 신호를 발견할 수 있었다. 전반적으로 별문제 없이 흘러가는 일상의 만족감에 젖지 않는다는 것. 이번 주에 이것만큼은 해내려고 마음먹은 코어 블럭을 잊어버리지 않는다는 것 말이다. 코어 블럭의 실행 여부에 대해 스트레스를 받는다는 것은 오히려 우리가 '중요한 것'을 잊지 않는 연습이 되어 가고 있다는 좋은 증거이기도 하다고 생각했다.

코어 블럭을 염두에 두고 사는 사람에게 더 이상 별문제 없이 적당히 좋은 삶이란 없다. 당신은 당신의 삶을 어떻게 바라보고 있는가? 당신은 무엇을 코어 블럭으로 선택하고 싶은가? 당신은 이번 달, 이번 주, 오늘 해야 하는 것 중에 다른 것은 몰라도 무엇 하나는 제대로 해내고 싶은가? 욕심 내지 마라. 단 하나. 당신이 정한 단 하나의 블럭만이라도 계획대로 달성해보려고 노력하자. 코어 블럭을 지켜내는 삶은 당신의 자신감, 자존감, 삶의 밸런스를 잡아주는 중심축을 더 단단하게 만들기 시작할 것이다. 당신에게 적당히 좋은 삶이 아닌 상당히 만족하는 삶으로 당신의 인생을 끌고 나갈 코어 힘이 생길 것이다.

4

휴식 블럭으로 더 적극적으로, 더 계획적으로 휴식하라

"휴식이란 쓸데없는 시간 낭비가 아니라는 것을 알아야 한다."

-데일 카네기

적절한 휴식이 우리에게 꼭 필요하다는 것은 누구나 알고 있는 사실이지만, 실제로 그것을 삶에 적절하게 배치하는 사람들은 드물어 보인다. 특히나 우리같이 하고 싶은 것이 많고, 가만히 있지 못하는 사람들은 더욱 그럴 것이다. 쉬는 것이 게으름처럼 느껴지기도 하니까 말이다.

그러나 본질로 돌아가서, 우리가 시간 관리를 하려고 하는 목적을 잘 생각해볼 필요가 있다. 우리가 바라는 것은 '가장 중요한 것을 제대로 해내고, 성과를 얻는 것'이다. 더 많은 일을 처리하기 위해서 시간 관리를 하는 것은 절대 아닐 것이다. 중요하게 생각하는 것에 제대로 집중해서 성과를 내고 싶다면, 우리에게는 그에 합당한 에너지가 필요하다. 고갈된 상태의 체력과 마음에서 에너지를 닥닥 긁어 쓰면서 최상의 성과를 내기는 어렵다. 아주 단기간이라면 모르지만, 장기전에서는 거의 불가능하다.

우리가 열정에 타올랐다가 금세 사그라드는 이유 중 하나는 제대로 쉬지 못해서이기도 하다. 처음의 열정을 꾸준히 끌고 갈 에너지가 충분하지 않다는 것을 뜻한다. 내가 무언가를 계획대로 실천하지 못하는 반복적인 이유가 주로 체력과 집중력 고갈이 의지력 고갈로 이어지는 패턴을 가지고 있는지 살펴볼 필요가 있다. 이런 경우에 해당된다면, 다른 일을 성실하게 계획하고 지키려고 노력하는 것처럼 '휴식'도 계획하고 지켜내는 것으로 해결할 수 있다.

나에게는 휴식을 반드시 계획하는 나만의 블록 배치 패턴이 있다. 강의 뒤에는 반드시 휴식 한 블록을 넣는 것이다. 강의 당일의 스케줄은 '강의 준비-강의-휴식 블록' 이 3가지는 하나의 세트처럼 묶여 있다. 이런 패턴을 가지기 이전에는 강의 뒤에 일이나 약속을 잡아두곤 했다. 강의를 하는 분은 알겠지만, 강의 당일은 몇 시간 전부터 에너지 소모가 시작되고, 본 강의의 에너지 소비는 말할 것도 없다. 단 시간에 엄청난 집중력과 체력적인 에너지를 소비하는 일이다.

강의 후, 남아 있는 에너지가 거의 없는 상태에서 스케줄을 소화하다 보니 많은 문제가 있었다. 혼자 일하는 블럭일 경우에는 1시간이면 끝날 일을 3시간 동안 하기도 했고, 그리고 누군가와 함께하는 스케줄이라면, 경청부터가 힘들었다. 나의 집중력이 이미 거의 바닥이 난 상태이기 때문에, 경청을 하다가도 멍해졌고, 그러다 보니 적절한 리액션 또한 할 수가 없었다. 비지니스적으로 중요한 시간이거나, 오랜 시간 인연을 맺은 분과 함께하는 시간이라면 내가 상대를 성의 없게 임한다는 인상을 줄 수 있기도 했다. 그리고 친한 사이인 경우에는 '피곤해 보여. 빨리 들어가야 하는 거 아니야?' 하는 걱정을 안겨 주기도 했다. 약속 장소에서 핸드폰만 보고 있는 것만큼 무례한 행동인 것이다.

반복적으로 강의 이후 블럭의 효율성이 저하되고, 그 후 하루 전체가 망가지는 것을 반복적으로 관찰하게 되고, 그것을 인지한 후부터는 강의 후 한 블럭은 무조건 휴식 블럭으로 비우게 되었다. 30분 ~1시간 정도 짧은 낮잠을 자고, 나머지 1시간 정도는 당 충전을 하면서 멍하게 휴식하는 시간을 가졌다. 반드시 혼자의 공간에서 아무 생각하지 않고, 머리도 몸도 쉬는 시간을 가졌다. 할 일은 많아 마음이 바쁜 날도 있었지만, 경험상 어차피 효율이 오르지 않는다는 것을 알기에 마음을 다독이며 우선 쉬었다.

그렇게 한 블럭을 제대로 쉬었더니 에너지가 다시 충전되었고, 그 에너지로 남은 하루를 다시 힘차게 시작할 수 있었다. 정말 제대로 휴식했기에, 마치 아침 한 블럭을 시작하는 개운함이 들기도 했다. 한 블럭을 휴식으로 계획함으로써, 오히려 남은 하루의 시간에 대한 효율이 훨씬 높아졌다. 그 경험을 반복적으로 하면서 이제는 강의 당일 휴식 블럭은 늘 세트로 묶여 있게 되었다.

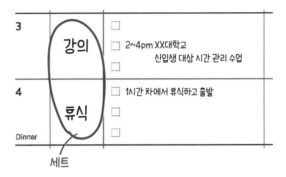

한 블럭을 차지할 만큼 큰 휴식이 아니라도 좋다. 나에게 강의가 그랬던 것처럼 당신의 에너지를 크게 소진하는 일이라면 한 블럭을 충분히 쉬는 것도 좋다. 하루 중 어느 위치 또는 어떤 패턴으로 휴식을 계획했을 때, 가장 효율적이고 행복감을 줄지 찾아나가보자.

다시 한 번 말하지만 우리가 시간 관리를 하려는 본질을 잊지 말자. 우리는 바쁘게 모든 것을 다 하기 위해 시간 관리를 하는 것이 아니다. 중요한 것, 나에게 궁극적인 행복을 주는 것을 제대로 하기 위해 시간 관리를 배우려 하는 것이다. 그 중요한 일을 위해 내가 고갈되지 않도록 휴식 블럭을 계획하기를 바란다. 더 여유 있으면서도, 더 성과 있는 삶을 누릴 수 있기를 바란다.

5

범퍼 블럭으로
만회할 기회를 주자

중요하게 생각한 계획을 잘 지키지 못하는 데는 몇 가지 이유가 있다. 중요한 것을 하려고 계획한 시간에 다른 급한 것을 하느라 하지 못하는 경우가 있고, 또 중요하게 여기는 일이 생각보다 시간이 오래 걸려서 다 하지 못하는 경우이다.

그렇게 계속 계획만큼 실행하지 못하게 되는 것이 내가 중요하게 생각하는 코어 블럭이라면 어떨까? 코어 블럭은 주로 나의 본질적인 성장과 행복을 위해 반드시 사수해야만 하는 것이다. 언제까지 급한 것들에 자리를 내어주어야 할까? 그리고 언제까지 제대로 해내는 것이 아닌 적당한 정도에 만족해야 할까? 코어 블럭을 지켜내지 못하면 당장에 해야 할 것들로 내 일상이 채워지고, 그러다 보면 진짜 내가 원하는 인생과의 거리를 영영 좁힐 수 없다.

게임에도 패자부활전이 있듯, 우리의 코어 블럭에도 패자부활전의 기회가 필요하다. 바쁘게 치고 들어오는 일들 때문에 코어 블럭을 지켜내지 못한 것으로 영영 기회를 잃어버린다면 너무 야속하지 않은가?

주 1회 유튜브 업로드를 가능하게 하는 범퍼 블럭

	MON	TUE	WED	THU	FRI	SAT	SUN
1	꿀잠	모닝루틴	모닝루틴	꿀잠	모닝루틴	모닝루틴	꿀잠
2 (Lunch)	휴식	일	일	일	일	일	운동
3	Ⓑ	일	일	일	일	일	결혼식
4 (Dinner)	Ⓑ	일	일	일	일	일	결혼식
5	외식	운동	유튜브 제작	Ⓑ	운동	친구	TV
6	휴식	유튜브 제작	유튜브 제작	Ⓑ	유튜브 제작	친구	TV

나는 코어 블럭의 패자부활전으로 '범퍼 블럭(bumper block)'을 마련해둔다. 범퍼란 충돌 사고 시, 차체 손상이 덜 가도록 충격을 흡수하는 역할을 하는 장치를 말한다. 범퍼카도 차체 가장자리에 공기가 빵빵한 고무 타이어를 두껍게 둘러서, 충격을 사고가 아니라 즐거운 놀이로 즐기게 해주는 기구라고 할 수 있다. 나의 코어 블럭에도 이런 충격 흡수 장치를 마련해주었다.

범퍼 블럭은 예상치 못한 변수로 코어 블럭을 지키지 못하는 상황이 생겨도 실행 여부에 매정한 × 표시가 그어지지 않게 하는 완충 장치다. 코어 블럭이 지켜지지 않을 때 쓸 수 있도록 일주일에 1~2개 정도 빈 블럭을 남겨둔다. 마치 비상금 같은 것이다.

코어 블럭을 계획한 시간에 부득이하게 다른 것을 하게 되거나, 예정된 코어 블럭 안에 일을 다 마치지 못할 때 요긴하게 사용할 수 있다. 강의안 작성, 코칭 메일 보내기 등 그 주 안에 해결해야만 하는 중요한 일이나, 온라인 강의 시청과 같이 미래를 위해 투자하는 블럭이지만 상대적으로 시급성이 낮아 다른 블럭에 밀릴 가능성이 많은 것들에 범퍼 블럭을 마련해두는 편이다.

범퍼 블럭 덕분에 예상치 못한 일이 들어왔을 때, '지금 코어 블럭 해야 하는데!' 하며 예민해지지 않아도 되고, '또 중요한 것들이 밀려버렸네…' 하며 우울해하지 않게 되었다. 그리고, 계획대로 잘 실행되었다면 범퍼 블럭의 빈 시간은 선물처럼 다가온다. '야호! 이번 주에는 계획대로 다 지켜졌구나! 이 빈 시간에는 뭐하고 놀지?'하고 즐거운 상상을 할 수 있으니 말이다.

실제로 중요한 계획을 계속 제대로 실천하지 못해 속상해하는 타임블럭크루들에게 범퍼 블럭을 만들도록 가이드를 주었고, 그 효과를 체감한 크루들은 자신의 한 주에 스스로 범퍼 블럭을 계획해서 넣기 시작했다.

"범퍼 블럭이 있다는 것이 상당한 마음의 여유를 줘요. 다른 것들이 치고 들어와서 계획이 엉클어져도, 범퍼 블럭이 있다고 생각하니 마음의 평정심이 유지되더라고요. 이건 회사에서도, 또 개인적인 일정에서도 매우 유용해요!"

"주말에 범퍼 블럭을 마련해뒀더니, 평일에 진도가 밀려 있는 공부를 마무리할 수 있었어요. 그리고 계획대로 공부를 잘하게 되면, 오히려 범퍼 블럭에 마음 편하게 신나게 놀 수 있어서 덤으로 받은 선물처럼 느껴지더라고요."

"저는 모닝 루틴에 하고 싶은 것들이 많아서 빽빽하게 넣어 둔 편이에요. 그런데 늦게 일어나거나, 일찍 출근하게 되는 날은 모닝 루틴에 하고 싶은 것들을 다 못하고 출근하죠. 그럼 하루 종일 찜찜한 기분이 들었어요. 그런데 이제 평일 저녁 6블럭을 범퍼 블럭으로 비워뒀거든요. 그랬더니 모닝 루틴 때 못 다한 것을 그때 하면 된다는 생각에 하루 종일 마음이 쫓기는 기분이 완전 사라졌어요!"

범퍼 블럭은 휴식 블럭과는 다르다. 휴식 블럭은 미리 쉴 것을 계획한다면, 범퍼 블럭은 계획한 것을 모두 해낼 수 있게 보너스 타임을 주거나, 계획을 모두 달성했다면 선물처럼 주어지는 휴식 시간으로 사용할 수 있다. 비상금의 가장 큰 매력은 위급할 때 꺼내 쓸 수 있으면서도, 다른 예산에 지장을 주지 않는 것이다. 그리고 비상금이 있다는 것은 마음 한 켠의 든든한 구석이기도 하다. 범퍼 블럭도 마찬가지이다.

한 주에 1~2개 정도 당신의 코어 블럭을 위한 범퍼 블럭을 마련해두는 건 어떨까?

6

탁상공론은 이제 그만,
계획은 수정이 기본이다

시간 관리에 대한 재미있는 이야기가 있다. 시간 관리 하수는 계획을 안 지키는 사람이고, 그보다 하수는 모든 것이 계획대로 잘 지켜질 거라고 생각하는 사람이라고 한다.

완벽한 계획은 없다. 완벽에 가까운 계획이라 하더라도 계획은 수정이 되기 마련이고, 또 수정되어야 한다. 특히, 회사원이라면 계획 수정은 매우 빈번할 것이다. 아직 9시가 되기도 전에 '정 대리!'하고 부르는 상사의 목소리와 울리는 전화벨 소리에 내용을 듣지 않아도 한숨부터 나오는 이유는 이것이 '방금 전에 세운 계획이 틀어지는 소리'임을 직감적으로 알아챘기 때문이 아닐까? 이렇게 우리는 업무 시작 전에 세운 계획이 아침 9시도 안 되어서 수정되는 상황과 매우 자주 맞닥뜨리게 된다. 내가 한 회사의 대표가 아닌 이상, 아니 대표라고 하더라도 회사에서는 나 혼자 우선순위를 결정할 수 있는 일이 거의 없다. 내 계획과는 다르게 갑자기 새로 떨어진 일을 먼저 해야 하기도 하고, 관련 부서와 협업하다 보면 나 혼자 해야 하는 일보다 함께하는 일을 먼저 처리해야 하는 경우도 많다.

또 외부 탓만 할 것도 아니다. 내 안에서 생겨나는 여러 변동 요인들도 많다. 계획을 세울 때는 다 해낼 수 있을 것 같았지만, 막상 실천하려 하면 피곤하고, 귀찮은 마음이 올라온다. 사실 이런 상황은 쉽게 예측할 수 있지만, 계획을 하는 당시에는 이런 수많은 방해 요소들이 전혀 눈에 보이지 않는다.

왜 우리는 세심하게 세운 계획을 수정해야 하는 상황과 늘 마주치게 되는 걸까? 먼저 계획을 세우는 상황을 떠올려보자. 출근한 사람이 별로 없는 고요한 아침이나 기분 좋은 주말에 커피 한 잔을 내려 혼자 조용하게 플래너에 계획을 써 내려간다. 그 시간이면 무엇이든 해낼 수 있을 것 같은 긍정의 기운이 나를 감싸고 있다. 계획은 이렇게 책상 앞에서, 내 머릿속 안에서 세워진다. 계획은 계획하는 시점의 상황, 마음, 체력, 즉 그 시점에 내가 가진 에너지를 바탕으로 세워지기 마련이다. 그러나 불과 한 시간 뒤에 나의 상황이나 마음, 체력, 에너지가 계획하던 시점과는 또 다르게 변한다. 하루 뒤, 일주일 뒤, 한 달 뒤는 말할 것도 없다.

따라서 그 상황이 변할 때마다 우리는 계획을 적절하게 수정해나가는 것이 필요하다. 방향성 자체를 바꾸라는 이야기가 아니다. 차량 내비게이션에 길 안내를 설정할 때 목적지로 가는 여러 길 중 하나를 선택했다 하더라도, 주행 중에도 지속적으로 최적의 길을 찾아 안내해주는 기능이 있다. 처음 설정했던 길이 예상보다 막혀서 다른 길이 더 빠르다고 판단되는 경우 "새로운 경로로 안내합니다"라는 안내 음성이 나온다. 목적지는 바뀌지 않았지만, 내비게이션이 그 상황에 맞는 최적의 경로로 길 안내를 해주는 것이다. 하물며 길 안내만 해도 도로 교통 상황에 따라 지속적인 업데이트가 필요한데, 우리는 우리의 계획을 상황에 맞게 업데이트해주고 있는가? 이와 같은 이유로 자주 상황을 들여다보고, 필요하다면 적극적으로 계획을 수정할 것을 권한다. 계획은 세우는 것만큼 자주 수정하는 것이 중요하다.

요즈음 기업에서도 제품 생산 주기가 매우 짧다고 한다. 목표에 따른 단기 계획을 세우고 빠르게 실행하고, 피드백을 보고, 수정하는 한 사이클의 주기를 짧게 잡은 것이다. 요즘은 오랜 시간에 걸쳐 만든 100% 완벽한 제품을 출시하기보다는, 짧은 기간 안에 가능한 높은 성능의 제품을 출시하고, 고객의 반응을 보고 수정해서 버전 업을 해나가는 방법으로 일하고 있다. 아마존, 쿠팡, 카카오, 샤오미 등 많은 기업들이 이와 같은 방식으로 일하고 있다고 한다.

코로나19 사태로 인해 세상의 축이 온라인으로 바뀌면서 이 사이클의 속도는 더 빨라졌다. 뉴-노멀(New-normal)이라는 말도 벌써 한 물건 단어처럼 느껴질 만큼 세상의 속도가 빠르게 바뀌어가고 있다. 많은 규칙이 온라인 세상에 맞추어 바뀌었고, 어느 누구도 정확한 성공 공식을 알지 못한다. 때문에 사람들이 좋아해줄 것이라 생각하는 물건을 혼자 머리를 싸매고 오랜 시간에 걸쳐 만들어내서 선보이는 방법을 택하는 대신, 만든 만큼 바로 보여주고 피드백을 받아 수정해서 업그레이드하는 방식으로 일하고 있다. 즉, 세상이 너무 빨리 변하니 기존의 계획에 현장감을 맞추어가는 주기가 더 빨라진 것이다.

일뿐만이 아니다. 우리의 일상 계획에도 현장감을 잦은 주기로 녹이는 프로세스를 만들어야 한다. 앞서 조용히 앉아 계획을 세우던 순간을 상상해보았다. 아무도 방해하지 않는 조용한 시간에 책상 앞에서 머릿속으로 짠 계획. 이 계획을 현장에 대입했을 때, 차질 없이 지켜질 것이라고 믿는다면 이것이 탁상공론과 다른 바가 있을까? 우리가 도달하고자 하는 방향성과 목표는 명확히 하되, 실무적인 계획을 빠르게 수정해나간다면 우리는 훨씬 더 재미있고, 효율적으로 되고 싶은 내가 되어 갈 수 있을 것이다.

한 마디로 요약하면, 계획이 그대로 지켜질 것이라 믿는 것은 탁상공론이다. 계획에 현장감이 더해질 수 있도록 자주 수정해야 함을 잊지 말자.

Do
: 실천력을 높이는
10가지 전략

1

전략 I: 방해받지 않는 덩어리 시간을 활용하는 5가지 단계

"어머! 나 어디까지 했더라?"

한참 일에 집중하고 있는데, 전화가 와서 일의 맥이 끊어진 경험은 모두 있을 것이다. 다시 이전의 집중 상태로 돌아가려고 노력하지만 꽤나 시간이 걸린다. 아니면 아예 이전의 집중 상태로 돌아가지 못하기도 한다.

같은 2시간을 일하더라도 방해받지 않고 온전히 집중한 2시간의 퀄리티와 전화·메시지 등의 알림을 처리하면서 가지는 2시간의 퀄리티는 상당한 차이가 있다.

덩어리 시간과 그렇지 않은 시간을 블럭식스에 넣어보면 차이가 있다. 운동, 외국어 공부, 독서 등과 같이 꾸준히 수행해야 하는 일들은 일주일의 블럭식스 안에 정기적으로 배치된다. 그러나 이와는 다르게 덩어리 블럭은 비정기적으로 배치되지만, 한 번 시작하면 2블럭 이상 연달아 이어진다. 온전히 한 업무에 깊이 몰입할 수 있게 시간을 배분한 것이다. 덩어리 블럭을 활용하면 특히 좋은 업무로는 프로젝트 성격의 업무, 창의력을 요하는 업무이다. 이런 업무는 자투리 시간보다 방해받지 않으면서 몰입할 수 있는 통시간을 이용한다면 투입한 시간에 비해 높은 수준의 성과를 거둘 수 있다. 나의 경우 기획 업무, 전략 수립, 글쓰기, 편집을 할 때 덩어리 시간을 사용하고 있다.

덩어리 블럭의 중요성은 내가 강조한 것이 아니다. 역대 '프로 일잘러'인 피터 드러커(Peter Drucker)는 "지식 근로자는 시간을 '연속적'으로 활용하는 것이 중요하다. 목표를 달성하려면 모든 지식 근로자, 특히 모든 경영자는 상당한 양의 연속적인 시간을 사용할 수 있어야 한다"고 말했다. 피터 드러커가 강조한 대로, 우리 대부분은 하루의 일정 부분을 지식 근로자로 살고, 또 스스로를 경영하는 자기

정기적인 시간	덩어리 시간
주기적으로 일정 시간을 꾸준히 할애해야 하는 업무	주기적으로 일정한 시간을 꾸준히 할애해야 하는 업무

경영자이기도 하기 때문에 이 말을 새겨들을 필요가 있다.

빌 게이츠(Bill Gates) 또한 '생각 주간'을 가지는 것으로 유명하다. 커다란 에코백에 읽을 책과 서류를 가득 담아 작은 오두막으로 간다. 1년에 두 번, 일주일 정도 외부와의 접촉을 완전히 끊고 아무의 방해도 받지 않으며 혼자 깊이 연구하고, 사색할 시간을 가진다. 이렇게 최고경영자들은 일부러 노력해서 덩어리 시간을 확보하려 하고 있다. 그 시간만이 주는 깊은 몰입과 효과를 알고 있기 때문일 것이다.

덩어리 블럭을 활용하는 5단계

그럼 지금부터 우리의 바쁜 일상에서 덩어리 블럭을 어떻게 확보해서 잘 활용할 수 있는지에 대해 5단계로 알려드리려 한다. 덩어리 시간이 필요한 일을 뽑고, 시간을 선점한 후에는 잊어버리고, 그날이 되면 환경 설정을 하고 무조건 하는 것이다. 하나씩 살펴보도록 하자.

1단계: 덩어리 시간이 필요한 일 뽑기

먼저, 해야 할 일을 리스트로 적어본 다음에 프로젝트 성격을 가진 업무들을 뽑아낸다. 이런 업무들은 30분, 1시간씩 찔끔찔끔하는 것보다 2시간 이상의 시간을 확보하여 깊이 있게 파고드는 것이 중요하다.

2단계: 선점하기

친구도 만나야 하고, 자기계발을 위해 온라인 수업도 들어야 하고 운동도 해야 하는, 바쁜 우리들의 일상 속에서 덩어리 시간을 확보하기란 쉽지 않다. 그래서 미리 선점해야 한다. 나는 월 초에 한 달 치 덩어리 블럭을 선점해두는 편이다. 그런 다음 무엇을, 얼마만큼, 언제할지를 미리 배정해둔다. 다른 것들이 내 시간을 가져가기 전에 말이다.

1단계에서 뽑은 업무를 나열하고, 그것을 언제 할지, 얼마만큼의 일을 할지를 정해두자. 할 것이 명확할수록 그 덩어리 블럭에 대한 소중함이 크게 느껴져서 추가로 잡히는 약속들에도 현명하게 대응할 수 있을 것이다. 시간을 선점하고, 그 시간에 무엇을, 언제, 얼마만큼 할 것인지를 명확히 해두는 것! 이것이 덩어리 시간을 활용하는 5단계 중 가장 중요한 부분이다.

룩말의 덩어리 시간 활용

선택	언제	얼마나

덩어리 시간이 필요한 업무	언제	얼마나
펀딩 상세페이지 초안 - 1안	23일 2·3·4블럭	초안 전체 일단 작성
펀딩 상세페이지 초안 - 2안	26일 3·4·5블럭	전체 다듬기, 사진 정하기
펀딩 상세페이지 사진, 영상 기획 - 자료 조사	27일 전체	컬러별 매칭
펀딩 패키징 자료 조사 및 선택	29일 3·4·5블럭	자료 조사, 주문
영상편집 강의 기획안 및 샘플 영상 제작	19일 4·5블럭	최종 완성까지

3단계: 잊기

시간을 선정했으면 잊어버리자. 한 달 내내 해야 할 일들을 떠올리며 '이것도 해야 하고, 저것도 해야 하네. 언제 다 끝내지? 바쁘다 바빠!' 하면서 쫓기는 기분을 가지지 말자. 이렇게 생각하는 습관은 지금 당장 하지도 않을 일들 때문에 현재에 집중하기 어렵게 만든다. 지금 여기에만 집중하고, 나중에 할 것들은 잊어버리자. 안심해도 된다. 우리는 이미 나중에 해야 할 일에 대한 시간을 확보해두었다. 그냥 그 시간이 되었을 때 그것을 하면 된다.

4단계: 환경 설정

덩어리 블럭에 온전히 활용할 수 있는 환경을 만들자. 빌 게이츠가 '생각 주간'을 가지며 일주일 동안 오두막에 들어가는 것도 환경 설정에 해당한다.

나도 책을 쓰면서 강원도 평창에 있는 한 명상 마을에 일주일간 머무른 적이 있다. 남편이 출근하면 집에 혼자 있기에 집에서 글을 쓰는 것이나 명상 마을에 가는 것이나 별반 다를 것이 없을 수도 있다고 생각했다. 그런데 아주 큰 오산이었다. 집이라는 공간에 있으면 자동적으로 생각나는 것들이 있다. 청소, 빨래, 냉장고 속 떡볶이 같은 것들. 그것으로부터 멀어진 공간에서의 몰입은 질적으로 차원이 달랐다. 그 경험으로 나는 주변의 공간, 소리, 온도 같은 것들이 얼마나 나의 집중력에 큰 영향을 주는지 알게 되었다. 다시 집으로 돌아와 덩어리 블럭을 가지면서는, 최대한 몰입할 수 있게 '환경 설정'부터 한다. 환기를 잘 시키고, 핸드폰의 '방해 금지' 모드를 켜고, PC 카톡을 로그아웃하는 정도만으로도 질적으로 다른 몰입을 할 수 있다.

최대한 그 블럭에 몰입할 수 있도록 모든 방법을 동원해서 외부와 차단하자.

5단계: 무조건 하기

모든 것이 준비되었다. 그냥 이제 하기만 하면 되는 것이다. 덩어리 블럭을 진행하며 좀이 쑤실 때마다 내가 떠올리는 문장으로 마무리하려 한다. 대하소설 《한강》, 《아리랑》 등을 쓰신 조정래 작가님의 책 《황홀한 글감옥》에 실린 문장이다.

'소설이 잘 풀리지 않는다고 해서 다른 방법으로 기분 전환을 하려 하지 않고 더욱 책상으로 다가앉아 끝끝내 마음먹은 대로 써내고 책상에서 물러나기로 한 것입니다.'

한 달 전부터 선점해둔 나와의 약속 '덩어리 시간'. 그 시간 동안 하기로 마음먹은 것을 끝끝내 해내는 당신이기를 응원한다.

전략 2: 엇박자 심폐소생술로는
사람을 살릴 수 없다

심폐소생술은 자발적 심장 박동이 멈춘 사람에게 타인이 가슴 부분에 물리적 압박을 가해서 혈액이 순환할 수 있도록 돕는 응급 처치법이다. 심폐소생술을 할 때 중요한 점이 두 가지 있다. 첫 번째는 속도이다. 너무 빨라서도, 너무 느려서도 안 된다. 심폐소생술에는 분당 100회 정도의 권고되는 속도가 있다. 실제로 의료인 교육 시, 가수 싸이의 노래 '챔피언'에 맞춰 심폐소생술을 연습하기도 한다. 두 번째는 정확한 깊이로 누른 후, 제대로 손을 올리는 것이다. 전문가들은 심폐소생술 시 가슴을 약 5cm 정도 누르고, 다시 가슴이 올라올 때 아래로 누르는 힘을 제대로 풀어줄 것을 권고한다. 누르는 순간 심장 안에 있는 피가 물리적인 힘으로 몸 전체로 뻗어져 나가고, 손을 떼는 순간 다시 심장 안에 피가 모인다. 이때 충분히 심장에 피가 모일 만큼의 적절한 시간을 주지 않으면 피가 거의 없는 심장 근육만 눌렀다 떼었다 하는 꼴이 된다. 즉 아무 소용없는 행동이다. 이런 상태를 심장 허혈이라고 한다. 이런 엇박자 심폐소생술의 결과는? 심장 압박을 하는 사람은 죽도록 힘들지만, 심장 허혈 상태의 심폐소생술로 환자가 살아날 가능성은 희박하다.

내가 갑자기 심폐소생술 이야기를 꺼낸 것은 힘을 줄 때와 뺄 때를 정확히 해야 한다는 것을 강조하고 싶었기 때문이다. 시간 관리를 하는 이유는 무엇인가? 당신이 이 책을 집어 들고, 책을 훑어본 뒤, 계산대까지 가게 만든 동력은 무엇인가? '무언가 성취하고 싶다', '성과를 내고 싶다', '그러면서도 쫓기듯 일만 하는 것이 아니라 여유를 즐기고 행복하게 살고 싶다'는 마음이 당신의 행동을 이끌었을 것이다.

심장 허혈 상태의 하루에서 벗어나기 위해서는 어떻게 해야 할까? 자투리 시간 관리를 당장 버리라고 말하고 싶다. 나는 정말 자투리 시간 관리에 별 관심이 없다. 정확히 말하면 하루를 숨 막히게 빽빽하게 채우고 열심히 사는 느낌으로 위안하는 것에 질색이다.

우리가 진짜 이루어내려고 하는 위대한 성과들은 자투리 시간으로는 절대 이루어낼 수가 없다. 더할 나위 없이 집중해서 원하는 수준으로 일을 끝마쳤을 때, 몸의 모든 에너지가 빠져나가며 손끝이 저릿저릿한 것을 경험해보았을 것이다. 제대로 몰입의 시간을 가졌다면 자투리 시간에는 오히려 휴식의 시간이 필요하다.

자투리 시간의 가치를 폄하하는 것이 아니다. 매일 10분씩이라도 운동하는 것이 운동을 전혀 하지 않는 것보다 좋고, 일주일 동안만 반짝 하루 2시간씩 웨이트를 하는 것보다 매일 10분씩 3개월을 하는 것이 훨씬 좋다고 생각하는 사람이다. 내가 말하고 싶은 요지는 자투리 시간을 관리하고자 애쓰지 말라는 것이다.

우리가 집중해야 하는 단 하나는 충분한 덩어리 시간이다. 어떻게 하면 충분한 덩어리 시간을 더 확보할지, 그리고 그 시간에 어떻게 몰입할지, 그 몰입으로 얻고 싶은 것은 무엇인지를 고민하는 것이다. 충분한 몰입의 시간 속에서 통찰력이 생긴다. 깊은 몰입으로 가기 어려운 자투리 시간을 관리하는 데 많은 에너지를 쏟는 것은 그저 피곤함만 가중시킬 뿐이라고 말하는 것이다. 피곤함이 누적되면 다시 중요한 일에 집중할 에너지를 빼앗긴다. 즉 심장 허혈 상태가 지속될 뿐이다.

내 심장은 어느 정도의 크기인지, 나에게 맞는 심폐소생술 속도는 어느 정도인지, 누를 때 제대로 누르고, 이완할 때 충분히 혈액이 모일 여유를 주고 있는지 생각해볼 필요가 있다. 자투리 시간을 관리하고, 바쁘게 사는 느낌에 취해 있다면 당신은 지금 혈액 없는 심장을 쥐어짜고 있는 것일지도 모른다. 이런 저질 심폐소생술로는 원하는 것을 얻을 수 없다.

피터 드러커는 이렇게 말했다.

"사용 가능 시간이 짧은 단위로 나뉘어 있으면 전체의 양이 아무리 많을지라도 소기의 목적을 달성하는 데는 불충분하다."

즉, 짧은 단위로 나뉜 시간을 잘 활용해서 어떻게 더 많은 것을 할지 고민하기보다는, 진짜 내가 해야 하는 것에 제대로 된 통시간을 마련하려고 애써야 한다. 그리고 그 통시간에 제대로 심장을 쥐어짤 수 있게, 그 외의 시간에는 이완하는 것이 필요하다. 당신의 심장은 무엇을 위해, 어떻게 뛰고 있는가?

3

전략 3:
완벽주의를 다시 정의하라

나는 완벽주의자가 아니다. 내가 포스팅하는 블로그 글에 거의 대부분 오타가 있음을 고백한다. 아주 중요하게 발행되어야 하는 몇 가지를 제외하고는 완벽을 추구하는 데 많은 노력을 기울이지 않는다. 부끄럽지 않냐고? 오타가 자랑은 아니지만 부끄럽지는 않다. 왜냐하면 나의 성장 원동력은 내가 완벽주의자가 아닌 데서 나오기 때문이다. 나의 성장 원동력은 완벽보다는 시도와 속도이다.

회사에서나 사회에서나 "제가 완벽주의라서요" 하는 말을 종종 듣고는 한다. 그럴 때마다 나는 물어보고 싶었다. '무엇이 완벽인가요? 어디까지 되어야 완벽이라고 생각하시나요?'라고 말이다. 완벽주의를 추구해서 무언가를 하지 못한다는 사람들의 대부분은 본질적 완벽을 추구하기보다는 대세에 지장이 없는 아주 디테일한 것들로 시간을 보내며 씨름한다.

물론 완벽이 필요한 경우도 있다. 아주 중요한 프로젝트의 결과물을 세상에 내어놓아야 할 때에는 아주 세심한 디테일까지 챙기고 또 챙겨야 한다. 정말 이것으로 충분한지 의심하고 또 의심해야 한다. 하지만 그럴 필요가 없는 대부분의 것들까지 스스로가 만든 완벽을 추구하느라 여러 가지를 놓치고 만다. 일상적으로 준비하는 프레젠테이션 자료에서 내용이 아닌 폰트와 색을 바꾸느라 야근 시간이 늘어난 적은 없는가? 그런 것 따위를 하느라고 본인 또는 팀원들을 지치게 하고 있지는 않은가? 매일 블로그 포스팅을 하고 싶은 마음이 있는데, 글 하나 올리는 데 시간이 너무 많이 걸리지는 않는가? 그래서 조금만 다른 일로 바빠지면 내가 하고자 하는 일이 부담으로 다가오지는 않는가? 그래서 완벽보다 더 중요한 시도와 꾸준함을 잃어버리고 마는 건 아닌가?

한 타임블럭크루가 나에게 시간 관리가 전혀 되지 않아 힘들다고 고민 상담을 해왔다. 나는 그에게 지금 현재 가장 중요하고, 하고 싶은 3가지가 무엇인지 물었다. 그는 육아와 블로그 글쓰기 매일 하기를 꾸준히 하고 싶은데, 그가 괴로운 이유는 육아 때문에 블로그 글쓰기가 어렵다는 것이었다. 아이의 컨디션에 따라 글을 쓸 시간이 좌우되어, 아이와의 시간이 부담으로 다가오는 것에 죄책감도 느끼고 있었다. 좋은 부모가 되고 싶은 마음과 자신의 시간을 가지고 싶은 마음이 줄다리기를 하니 심리적으로 편하지 않은 상태였다.

사실 그는 제주도 한 달 살기를 하고 있던 중으로, 재미있고 생생한 콘텐츠가 매일 생산되는 중이었다. 카톡방에 제주도 하늘 사진, 바다 사진, 오늘 있었던 재미있는 에피소드 등을 공유해주었고, 그것을 볼 때마다 단체 톡방에 함께 있는 사람들은 대리 만족을 하며 행복해했다. 사실 이 단체 톡방에 올라오는 내용이 모두 콘텐츠인데, 이것을 그냥 올리기만 하면 되는데 하지 못하고 있는 것이 안타까웠다. 블로그를 쓰지 못하는 이유를 더 자세히 물어보았다. 시간이 없고, 집중이 안 되는 등 여러 이야기를 하다 결국 그는 이렇게 말했다. "제가 너무 완벽주의자인 것 같아요."

'완벽'보다 중요한 것은 시도와 꾸준함

자신을 완벽주의자라 부르는 모든 사람들께 이야기하고 싶다. '완벽'이라는 가상의 선 안에 자신을 가두지 말라고 말이다. 완벽과 완벽하지 않음을 가로지르는 선은 누가 정한 것일까? 완벽이라는 것의 정도는 결국 스스로 정하는 것이다. 그 시점의 내가 가진 수준만큼의 자기만족일 뿐이다.

우리는 절대 완벽해질 수 없다. 물론 더 잘하고 싶은 마음은 이해하지만, 완벽보다 더 중요한 것은 시도와 꾸준함인 경우가 훨씬 많다는 것을 기억해주었으면 한다. 완벽을 기하느라 하지 못하는 것보다 일단 시도하는 것이 중요하다. 어느 날은 잘하고, 어느 날은 좀 부족해 보여도 꾸준히 할 수 있는 정도를 찾는 것이 완벽보다 중요하다. 오히려 시도하고 꾸준히 하는 것이 완벽해지는 빠른 길이다.

그는 인스타그램을 할 때도 사진을 고르는 데 한 오백 년, 짧은 글을 썼다 지웠다 하는 데도 한 오백 년이 걸려서 인스타그램조차 꾸준히 하고 있지 못하다고 했다. 이처럼 육아에 치여 글 쓰는 것조차 버거워하는데, 그 상황에서 꾸준히 글을 써내는 것보다 한 단계 높은 미션인 미려한 문장 쓰기, 조회 수 올리기까지 신경 쓰는 것은 스스로를 버겁게 만든다. 지금은 꾸준히 할 수 있느냐가 더 중요하다.

이처럼 무엇이 되었든 완벽을 추구하느라 첫 시도조차 하지 못하는 분들, 꾸준히 하지 못하는 분들께 드리는 나의 솔루션은 '시간 제한'을 두라는 것이다. 블로그 포스팅으로 예를 들면, 10분이든 15분이든 스스로 마감 시간을 정해서 그 시간 안에서 되는 만큼만 글을 쓰고, 시간이 되면 발행하자. 아직 한 분야에 대한 일 근육이 붙지 않은 분들은 무조건이다. 완성도를 높이는 것은 그다음이다.

바쁘고 정신없는 와중에서도 카카오톡으로 친구들과의 일상의 수다를 즐기는 사람이 많다. 바로 그만큼의 가벼움으로 시작하기를 권한다. 그 정도로 쉽고 부담이 없어야 한다. 카톡 하듯 사진을 올리고 간단히 에피소드와 감정을 적는 것이다. 더 잘하고 싶어도 한 달

동안은 본인이 정한 그 시간을 넘기지 않고, 대신 매일 하는 것으로 목표를 변경하기를 권한다. 이것이 우리가 새로 정의 내려야 할 '완벽'이다.

그렇게 완벽이라는 기준을 다시 설정한 그는 매일 원하는 포스팅을 하면서 심리적 안정감을 찾아갔다. 그리고 한 달 후, 글쓰기에 대한 근육이 어느 정도 붙자, 정말 바쁜 날은 하루 5분 포스팅으로 만족하고, 시간이 나는 날은 더 자세한 글을 올리게 되었다. 중요한 것은 이제 꾸준히 할 수 있게 되었다는 점이다. 그리고 그 꾸준함의 힘으로 그의 콘텐츠는 갈수록 재미를 더하고 있다.

완벽이 내 발목을 잡고 있다고 생각하면 스스로에게 차분히 물어보자. 완벽하게 하고 싶어서 행동에 옮기지 못하고, 시간만 죽이고 있는 일이 있는가? 완벽해야 한다는 마음 때문에 중요도에 비해 효과가 떨어지는 일에 시간을 과도하게 쓰고 있지는 않는가? 내가 정한 완벽이라는 기준에 도달하는 동안 잃는 것은 없을까? 내가 생각하는 완벽은 누가 만든 것일까? 나는 왜 스스로를 완벽주의라고 생각하는 걸까? 완벽을 추구하는 마음속에는 '자기만족'이라는 요소 하나뿐일까? 더 깊은 곳에 누군가 나의 결과물을 흉보지는 않을까 창피해지고 싶지 않은 마음, 스스로 남과 비교하는 마음, 인정받고 싶은 욕구가 자리 잡고 있는 건 아닐까?

다시 이야기하지만 내가 매일 조금씩 성장하고, 진전할 수 있는 이유는 내가 완벽하지 않음을 받아들였기 때문이다. 당신이 지금 추구하는 완벽이 그럴 만한 가치가 있는 것인지 생각해보았으면 한다. 또한 지금 나에게 필요한 것이 시도와 꾸준함인지, 아니면 완성도를 높이는 것인지 생각해보았으면 한다. 그 생각 끝에서 당신의 '완벽'을 다시 정의 내려보자.

4

전략 4:
플랜 B를 마련하자

"새벽 기상을 못해서 하루 종일 기분이 안 좋았어요."

크루들이 가장 많이 하는 고민 중 하나이다. 아침 첫 계획의 달성 유무에 따라 하루의 기분이 영향을 받는다는 의미이다.

새벽 기상을 습관으로 들이고 싶은 분들에게 특히 이러한 경향이 자주 나타난다. 새벽 기상을 좋아하고, 꼭 사수하고 싶어 하는 분들 은 그 시간이 아니면 자기 자신만을 위한 시간을 내기 어려운 경우가 많다. 오직 자기 자신에 집중할 수 있는 시간을 가질 수 있느냐, 없느 냐에 따라 하루의 기분이 변화한다는 것은 충분히 이해한다. 그러나 몇 시에 눈을 뜨던지 간에 우리의 하루는 소중하다. 새벽 5시에 일어 나면 하루가 행복하고, 아침 8시에 일어나면 하루의 시작이 울적하 게 느껴진다니, 이 무슨 일인가! 우리는 어떠한 상황에서도 하루를 기쁨으로 시작할 수 있어야 한다.

　이런 패턴은 새벽 기상뿐만 아니라 운동, 영어 공부 등과 같은 습관과 관련된 계획일 경우 주로 나타난다. 습관으로 만들고 싶은 것을 계획만큼 하지 못했을 때, 기분이 좋지 않은 이유는 무엇일까? 결국 습관을 만드는 속성인 '꾸준함'이 무너졌다는 생각 때문일 것이다. 사실 이 꾸준함을 유지하기 위해 많은 책에서 습관으로 만들고 싶은 것을 최대한 작게 만들라고 강조한다. 심지어는 '이렇게 작아도 되나?' 싶을 정도로 작은 습관을 가지라고 가이드한다. 나도 물론 '작은 습관의 법칙'이 가지는 힘을 잘 알고, 일부 동의하는 바이다. 일부 동의한다고 하는 이유는 '진짜 이렇게 조금만 해도 되는 거야? 이렇게 조금만 해서는 내가 원하는 정도에 도달할 수 있을까? 충분히 하고 있다는 생각이 들지 않는데?' 하는 의구심을 꺼뜨리기 쉽지 않기 때문이다.

　예를 들면 이런 것이다. 매일 달리기를 하는 습관을 들이고 싶다고 가정해보자. 작은 습관의 법칙에 따라 100미터만 뛰어도, 아니 더 작게 집 안에서 3미터만 뛰어도 뛴 것으로 인정한다고 해보자. 초보 러너의 경우 대단한 목표보다 실제로 작은 목표를 세우는 것이 도움이 될 수 있겠지만, 조금씩 러닝이 익숙해지면서 점점 거리를 늘려가고 싶은 마음이 들 것이다. 성장하고 싶고, 더 잘하고 싶어지는 것은 자연스러운 흐름이다. 마치 게임을 할 때 점점 난이도가 올라가고, 그것을 깨면서 성취감을 느끼듯 말이다. 게임 1탄을 영원히 하고 싶은 사람은 없는 것처럼 말이다. 그래서 나는 내가 성장할 수 있도록 조금씩 습관으로 하는 행동의 깊이를 키워가는 것도 좋다고 생각한다.

그러나 문제는 흐름을 잃었을 때이다. 꾸준히 잘 하다가 한 번 안 했는데 한 번이 두 번이 되고, 두 번이 세 번이 되고, 세 번이 영원해진 경험 있는가? 사실 작은 습관의 법칙은 더 잘하는 것보다 '꾸준함'을 유지하는 것이 더 중요하기 때문에, 최대한 작은 습관을 목표로 잡으라는 것인데 습관의 목표치를 줄이면 감질 나는 느낌을 받는 것은 어쩔 수 없다. 목표를 조금씩 상승시켜나가는 것과 작은 목표를 통해 꾸준함을 유지하는 것. 이 둘 모두를 취할 수는 없을까?

플랜 B, 동력이 완전히 멈추지 않도록 하는 작은 습관

내가 제시하는 습관 전략은 플랜 B를 만드는 것이다. 플랜 B는 플랜 A가 불가능한 경우, 대체될 수 있는 차선책이다. 계속 상향 조정되는 플랜 A는 나에게 이 습관을 통해 내가 성장하고 있다는 느낌을 충분히 줄 수 있다. 그리고 플랜 B는 귀찮아도, 아파도, 시간이 없어도 할 수 있는 정말 작은 습관이다.

우리는 플랜 A를 할 수 없는 날, 플랜 B를 꺼내면 된다. 예를 들면 플랜 A가 신문을 보고, 그날 가장 인상 깊은 기사 하나에 대해 내 의견을 써보는 것이라면, 플랜 B는 신문 헤드라인만 읽는 것이다. 새벽 기상을 하는 사람의 경우 플랜 A가 새벽 5시에 일어나서 스트레칭·명상·독서를 하는 것이라면, 플랜 B는 지하철 출근길에서 3분 명상 영상을 들으며 깊은 심호흡을 하는 것이다. 플랜 A에서 가장 좋아하는 것, 가장 본질적인 것을 뽑아 그것을 작게 만들어두는 것이다.

플랜 B가 주는 가장 큰 장점은 꾸준함을 이어나갈 수 있다는 것이다. 평행주차 되어 있는 차를 밀어 본 적이 있는가? 멈춰져 있는 차를 미는 데는 초반에 상당한 힘이 들어가는데, 조금씩 차가 굴러가기 시작하면서는 그보다 훨씬 적은 힘이 든다. 내 습관이, 이처럼 멈춘 차가 되지 않도록 아주 조금씩이라도 동력을 가지고 있도록 플랜 B로 밀어주는 원리이다. 그러면 다시 플랜 A로 돌아오는 것이 훨씬 쉬워지는 것이다.

플랜 B가 주는 두 번째 장점은 플랜 A를 시행하기 어려운 날에 대한 대안이 미리 마련되어 있다는 것인데, 이것은 상당한 심리적 안정감을 준다. 이 글의 처음에 나온 예시처럼 새벽 기상을 하지 못한 날 실망의 연결고리로 빠져서 하루 종일 기분이 안 좋은 것이 아니라, 미리 준비된 플랜 B를 시행함으로써 약소하게나마 습관을 이어갔다는 생각에 마음의 평정심을 유지하면서 남은 하루를 보낼 수 있게 되는 것이다.

당신을 성장시킬 습관인 플랜 A를 적자. 충분히 당신에게 성취감을 줄 수 있는 정도로 말이다. 그리고 그 플랜 A에서 가장 좋아하는 부분이나 가장 핵심적인 부분만을 남긴 플랜 B를 적어보자. 그리고 그 플랜 B가 귀찮아도, 아파도, 졸려도, 바빠도 할 수 있을 만하게 충분히 작은지 점검해보자. 플랜 A는 당신의 성장을 책임져줄 것이고, 플랜 B는 그 성장이 멈추지 않게 도와줄 것이다. 한 가지 당부하자면, '아… 오늘은 플랜 B밖에 못 했네'라는 생각은 제발 하지 말자. 기억하자. 플랜 B는 후퇴가 아닌 전진을 위한 똑똑한 습관 전략이다.

전략 5:
하루 세 번만 플래너 보기

'나 지금 뭐 해야 하지?', '멍하게 있다가 시간이 다 가버렸네', '아… 오늘도 블로그 쓰려고 했는데 못 썼구나.'

자기 전에서야 이런 생각이 드는 사람은 이 챕터에서 도움을 받을 수 있을지도 모른다.

아침 시간을 활용해 그날 할 일을 적거나, 투두 리스트를 적고 있는가? 적지 않는 것보다 적는 사람의 실천력이 훨씬 높겠지만 적는 것만으로는 부족하다. 적었으면 봐야 한다. 그렇다면 얼마나 자주 봐야 할까?

시간 관리 모임을 운영하며 계획 대비 실행력이 높은 크루들의 공통점을 발견했다. 그런데 그 공통점이란 것이 대단한 것은 아니었다.

그저 플래너를 늘 눈에 보이는 곳에 펴두고, 자주 보는 것. 그것이 그들의 공통점이었다. "얼마나 자주 플래너를 보세요?"라는 질문에 "몇 번이요? 정말 수시로 봐요"라고 말하는 크루부터 "한 블럭이 끝나고 시작할 때마다 봐요" 하는 크루까지. 블럭 중간중간마다 본다고하면 하루에 일곱 번 플래너를 확인하는 셈이 된다.

계획은 잘하는데, 자꾸 잊어버리거나 하루에도 여러 번 바뀌는 우선순위 때문에 실천력이 떨어지는 분들을 위해 솔루션을 드리려 한다. 하루에 딱 세 번만 플래너를 보자. 하루를 본격적으로 시작하기전에 한 번, 점심 먹고 한 번, 저녁 먹고 한 번. 이렇게 세 번만 보자.

하루에 세 번 플래너를 보는 것으로 당신이 누릴 수 있는 효과는 3가지다.

첫 번째, 다시 시작한다는 마음이 든다. 이전 시간을 어떻게 보냈더라도 지금부터 다시 시작이라는 기분이 들게 한다. 시작이라고 지금 입 밖으로 되뇌어 보자. "시작" 어떤 기분이 드는가? 왠지 모르게약간의 설렘과 긴장이 느껴지지 않은가? 이것이 시작이라는 단어가주는 힘이다. 시작부터 무언가를 망치고 싶은 사람은 없을 것이다. 점심을 먹고 나서는 하루의 중간 즈음일 것이고, 저녁 먹고 나서는 하루가 마무리될 시간이다. 겨울이라면 벌써 깜깜해진 시간일 것이다. 하지만 저녁 먹고 나서 플래너를 폈을 때 '시작'이라는 마음이 든다면, '오늘 하루도 다 가버렸네~'가 아니라 '다시 저녁 블럭이 시작되었네' 하면서 저녁 시간을 잘 보내고 싶은 마음가짐이 들 것이다. 오늘 오전과 오후가 즐거웠든지, 힘들었든지 간에 다시 리셋 하는 힘도 준다.

예전에는 회사에서 안 좋은 일이 있었던 날이나, 매우 피곤한 상태로 집에 들어온 날이면 저녁 시간 전체를 우울함 감정으로 보내곤 했다. 그러나 이제는 달라졌다. 나는 저녁 8시가 되면 울리도록 알람을 하나 맞춰두었다. 바로 플래너를 펼쳐 보기 위한 알람이다. 저녁을 먹고 울적한 기분에 처져 있다가도 이 알람 소리를 들으면 그저 플래너를 쭉 들여다보는 것만으로도 다시 마음에 힘이 생긴다.

특히, 저녁 블럭에 적힌 것들은 누가 시킨 것들이 아니다. 내가 좋아서 적어놓은 계획들이다. 그러니 더욱 마음과 함께 몸도 움직여지기 시작한다. 그저 플래너를 한 번 들여다보는 작은 행동만으로도 실천력이 자연스럽게 향상되었다. 이전에 어떤 일이 있었든지, 어떤 기분이었든지 간에 상관없이 내 상태를 리프레쉬 할 수 있게 되었다.

두 번째 효과는, 내가 어느 지점에 와 있는지 인지하게 된다는 것이다. 내가 얼마나 산만한지는 스스로도 알고 있다. 아침에 적은 계획을 생각으로만 상기시키는 것과 그것을 눈으로 다시 보는 것은 확실히 다르다. 지금도 내 옆에는 〈블럭식스 플래너〉가 펼쳐져 있다. 현재 시각은 오후 5시 35분, 플래너를 보면 4블럭의 세부 계획에 '글쓰기'라고 적혀 있다. 좀 전까지는 하염없이 깜박이는 커서만 보다, 인스타그램을 하려고 핸드폰으로 손이 갔다. 그런데, 플래너를 보는 순간 키보드 위로 다시 손이 간다. 그리고 허리를 바로 세워 앉게 된다. 이것이 할 일과 타임라인을 눈으로 확인하는 것의 힘이다. 무엇을 언제까지 해야 하는지 내가 적은 것을 눈으로 보는 것이 이토록 강력하다. 이것을 하루 세 번만 하자. 분명히 실천력이 달라질 것이다.

세 번째 효과는, 중간 수정을 할 기회가 생긴다는 것이다. 인생 전체는 고사하고 하루 24시간도 온전히 내가 원하는 대로 살아나가는 것이 참 어렵다. 우리는 늘 누군가와 관계를 맺고 있기 때문이다. 일을 할 때는 직원 간의 협업, 상사의 지시, 타부서와의 협업 등으로 아침에 세운 계획대로 일을 해나가기 힘들다. 계획대로 되는 날은 거의 없다고 봐도 무방하다. 아이들을 돌보는 부모라면 더 말할 것도 없을 것이다. 아이들과 함께 있는 시간은 정말로 우선순위를 내 힘으로 통제하기 힘들 것이다.

이유가 무엇이든 간에 현실적으로 내가 머릿속으로만 세운 계획대로 하루를 살아나가는 것이 쉽지는 않다. 애초에 불가능한 것을 꿈꾸고 있는 것일지도 모르겠다. 때문에, 우리는 '수정할 기회'를 가지는 것이 정말 중요하다. 상황에 맞추어 유동적으로 대처하거나, 갑작스럽게 상황이 바뀌어도 내가 원하는 것을 잘 해내기 위해서는 계획을 자주 보고 수정하는 것이 중요하다.

이 책을 읽고 있는 지금 당신은 하루의 어느 즈음에 있는가? 지금 당장 플래너를 펼쳐보자. 플래너가 없다면 체크리스트라도 다시 확인해보자. 당신은 지금이 몇 시이든지 간에 하루를 새로 시작하는 상쾌한 기분을 느낄 수 있고, 지금 해야 할 것이 무엇인지 명확하게 확인할 수 있으며, 그것이 더 잘되게 현실감을 더해 계획을 수정할 기회를 얻을 수 있다.

하루에 세 번 플래너 보기. 이 간단한 습관이 당신이 원하는 이상적인 하루가 될 수 있게 당신을 이끌어줄 것이다.

6

전략 6:
거절이 어려운 사람들이 연습해둘 한 마디

"무엇보다 소중한 재산은 시간이 아닐까 생각했다. 그러나 어른들은 돈을 도둑맞았을 때는 어마어마하게 화를 내지만, 시간을 도둑맞으면 대수롭지 않게 반응한다. 참 이상하다."

내가 좋아하는 천재 꼬마 화가, 전이수 작가님의 인스타그램에 올라온 일기다.

우리는 약속은 지켜야 하는 것으로 배우며 자랐다. 그것이 예의라고 생각한다. 또, 수많은 자기계발서에서 약속 시간 5분 전에 미리 도착해서, 만남에 대한 마음의 준비를 하라고 알려준다. 그것이 성공의 법칙이라고 말이다.

약속 당일에 습관적으로 약속을 취소하는 사람과 인간관계를 맺어본 적이 있는가? 피치 못할 사정으로 한 번, 두 번이 아니라 습관적으로 약속 당일, 약속 한 시간 전에 약속을 취소해버리는 사람과의 이런 경험은 유쾌하지 않다. 나와의 약속을 쉽게 생각하는 것 같고, 일단은 나와 약속을 잡아두고 더 중요하다고 여겨지는 약속이 생기면 밀쳐지는 느낌이 든다. 내가 2순위, 아니면 대타 같은 존재인가 하고 느껴지기도 하다. 그리고 그런 느낌을 몇 번 받다 보면 그 사람과의 연락을 서서히 멀리하게 된다. 누구도 이런 대접을 받고 싶지 않을 것이다.

그런데, 나는 나에게 어떤 대접을 하고 있나? 운동 가려고 했는데 친구가 부르면 나가고, 공부하려 했는데 텔레비전을 보고, 혼자서 모처럼 쉬려 했는데 모임이 생겨서 나가고… 우리는 너무 쉽게 나와의 약속을 깨고, 다른 것에 내어주고 있는 것은 아닐까?

사실 우리가 이렇게 행동하는 것은 나와의 약속을 하찮게 여겨서라기보다는 다른 이유가 있다. 우선 첫 번째로 거절이 어렵기 때문이다. 내가 마음먹은 것을 하기 위해, 나와 함께하고 싶다는 사람들의 마음을 거절하는 것에 죄책감을 느낀다. 내가 이기적인 사람이라고까지 느껴진다. 거절할 때 고통을 느끼기 때문에 죄책감을 덜기 위해, 나와의 약속을 취소해버리고 만다.

두 번째는, 내가 스스로 다짐한 시간을 나와의 약속이라고까지 생각하지 못하는 데 있다. 약속이라는 것이 내가 아닌 누군가와 한 약속만 약속이라고 인식하고 있다는 것이다. 친구가 나오라고 불렀을 때, 그 시간에 나와의 약속이 아닌 다른 사람과의 약속이 잡혀 있었다면 어땠을까? 그 상황에서라도 먼저 잡힌 다른 사람과의 약속을 취소하고, 친구가 부르는 곳으로 갈까? 대부분 그렇지 않을 것이다. "미안, 나 선약 있어. 다음에 보자"하고 말할 것이다. 이렇게 거절을 하고, 오늘 나가지 못하는 이유를 말할 때 내가 죄책감을 많이 느낄까? 내가 이기적인 사람이라고 생각될까? 전혀 아니다. 당연히 선약이 있기 때문에, 그 후에 들어온 친구의 제의를 받지 못하는 것은 어쩔 수 없는 일, 합리적인 일이라고 생각한다.

이제 이유를 알았으니 앞으로의 솔루션을 생각해보자. 첫 번째, 나와의 약속도 다른 약속과 동일한 무게감을 준다. 나와의 약속 시간을 혼자 있는 시간이라고 해서 일정표에 공란으로 비워두지 말자. 누군가와 약속을 잡으면 일정표에 적는 것처럼, 나와의 약속도 일정표에 꼭 적자. '7시, 수언이랑, 광화문에서 저녁 식사'라고 적는 것처럼 '7시, 지하랑(내 이름이다), 운동 약속'이라고 적는 것이다. 자신의 이름을 꼭 적기 바란다. 제3자의 이름처럼 자신의 이름을 적는 것이 처음에는 이상하고 오글거릴 수 있지만, 반드시 이름을 적어라. 그래야 훨씬 타인과의 약속만큼의 무게가 생긴다.

두 번째, "나 선약 있어"하고 말한다. 이 글을 읽는 지금 입 밖으로 세 번 내뱉어보길 바란다. '나 선약 있어', '나 선약 있어', '나 선약 있어' 이렇게 혼자 말해보는 것은 실제로 그런 상황이 발생했을 때 훨씬 더 쉽게 대응할 수 있는 훈련이 된다. 덜 고민하고, 덜 죄책감을 느낀 다. 감정적 고통을 줄이는 것은 거절을 잘하는 방법의 핵심이다.

더 이상 나와의 약속을 2순위, 대타처럼 취급하지 말자. 누구와의 약속보다 나와의 약속은 소중하다. 나와의 약속을 취소하면, 그것을 당하는 내면은 스스로 '나는 중요하지 않은 사람', '내 시간은 그냥 빼앗겨도 되는 사람', '어쩔 수 없는 것'으로 인식이 굳어질 것이다. 그 런 나와 화해하려면 너무 긴 시간이 걸린다. 나와의 약속을 수시로 취소한 친구와 다시 감정적 빈틈이 매워지는 시간이 필요한 것처럼 말이다.

다시 한 번 말해보자. '나 선약 있어.' 이 말이 주문처럼 튀어나와 자신과의 선약 시간을 꼭 지킬 수 있기를 바란다. 그 시간은 당신을 분명 행복하고, 성장하는 시간으로 만들어 줄 것이니까.

'나 선약 있어.'

7

전략 7: 내 계획이
혼자의 힘으로만 되는 것이 아니라면

"옆 팀에서 자료를 아직 안 줘서, 내가 해야 할 일을 진행할 수가 없네. 일정이 지연되겠는데?"

"남편이 갑자기 야근을 해서 아이를 봐줄 사람이 없어서 오늘 운동을 못 갔어."

사실 우리가 세우는 계획 중 상당수는 나 혼자 할 수 있는 일이 아니라, 누군가의 협조가 바탕이 되어야 가능한 일이 많다. 특히 회사에서는 함께하는 팀원의 업무 속도에 영향을 받는 경우가 비일비재하다. 또한 가정에서도 위 예시와 같이 운동을 가려면 육아 배턴터치가 일어나야 하는데, 상대의 스케줄에 따라 운동을 가려 했던 계획이 무산될 수 있다. 따라서 우리는 계획의 달성 여부에 타인이 미치는 영향 정도를 미리 인지하고, 관리할 필요가 있다.

계획을 세우고 나서 "이 일에 영향을 미치는 사람이 있는가?"에 대해서 스스로 질문해보자. 회사에서는 업무 기한을 정하는 것만큼 중요한 것이 담당자 지정이다. 이제는 '누가 할 것인가?'만 생각하지 말고, '누가 이 일의 결과, 일정 등에 영향을 미치는가?'를 추가로 고려해야 한다. 습관이 되지 않으면 쉽게 잊을 수 있는 부분이라 기존의 목표 설정 양식에 추가하거나 책상 위 또는 플래너에 미리 적어두는 것도 도움이 된다.

회사에서의 예를 먼저 생각해보자. 지금은 프로젝트 A를 진행하기에 앞서 자료 조사 단계이고, 자료 조사에 대한 보고서를 이번 주 금요일까지 상사에게 보고해야 하는 상황이다. 여기서 누가, 무엇을, 언제까지는 모두 설정이 된 상태이다.

누가: 내가
무엇을: 프로젝트 A 자료 조사 보고서 작성
언제까지: 이번 주 금요일까지

그럼 여기서 한 번 더 질문을 던진다. '이 일에 영향을 미치는 사람이 있는가?'를 생각해보면, 전산팀에서 데이터를 받는 것이 필요하다. 전산팀으로부터 데이터를 전달받는 일정에 따라 보고서 작성 계획이 큰 영향을 받을 수 있다. 이제 영향 요소를 알았으니, 이 부분에 대한 위험성을 감소시킬 필요가 있다. 자료를 받기로 한 날 하루 전에, 전산팀 담당자에게 메일을 보내서 내일까지 반드시 데이터를 주어야 함을 알려준다든지, 상사를 통해 해당 부서에 협조 요청을 해달라고 미리 말을 해두는 방법도 있을 것이다. 이렇게 영향 요인을 인지하면, 내 계획에 차질을 줄 위험 요소를 미리 차단할 수도 있다.

그리고 혹시 영향 요인을 인지하더라도 리스크를 줄일 수 없는 경우도 있을 것이다. 그럴 때는 미리 마음을 내려놓거나, 상사에게 계획대로 되지 않을 가능성이 생길 수도 있음을 미리 알려주어 대책을 함께 마련하는 방법도 있다. 영향 요인을 현실적으로 컨트롤할 수 없다 할지라도, 미리 영향 요인이 있음을 아는 것과 그렇지 않은 것은 큰 차이가 있다.

가정에서의 예를 생각해보자. 맞벌이 부부이고, 퇴근하면서 아이를 어린이집에서 찾아서 집에 온다. 최근 들어 체력이 약해져서 요가를 가야겠다고 생각한다. 하지만 누군가 아이를 봐주지 않으면 요가를 갈 수 없는 상황이다. 그래서 와이프는 남편과 상의를 하여 화요일, 목요일은 무조건 '칼퇴근'을 해서 남편이 육아를 하고, 자신은 요가를 가는 시간을 만들었다. 여기서 영향 요인은 남편의 퇴근 시간이다. 그래서 화·목요일 요가를 빠짐없이 가기 위해 당일 아침에 한 번 더 스케줄을 이야기해주는 것으로 위험 요인을 낮출 수 있다. 그리고 미리 마음의 준비를 하는 것이다. 상대의 회사 사정으로 당일 너무 일이 많거나, 빠질 수 없는 갑작스러운 회식이 잡히는 경우 화·목요일 요가를 가지 못할 수도 있다는 것을 미리 생각하는 것이다. 이렇게 영향 요인을 인지하고, 그것이 실제로 영향을 미쳤을 때 내가 어떻게 대처해야 하는지에 대한 준비를 하는 것이 필요하다. 이렇게 하면 실제로 요가에 참석하는 횟수도 그렇지 않을 때보다 많고, 요가를 가지 못하는 상황이 생기더라도 더 쉽게 받아들일 수 있게 된다.

앞으로 목표를 세울 때, 아래 4가지 항목을 기억하자

무엇을:

언제까지:

누가:

영향 요소:

영향을 미치는 요소를 고려하는 것은 계획대로 실행될 수 있는 가능성을 올려준다. 영향 요인을 미리 알고 부득이한 상황에 어떻게 대처할지를 미리 정해둔다면 돌발적인 상황이 벌어져도 융통성 있게 받아들일 수 있을 것이다.

8

전략 8:
온라인 거주지 이전을 고려하자

인생을 바꾸고 싶으면 3가지를 바꾸라고 하는 말이 있다.

사는 곳, 만나는 사람, 습관.

실제로 내 인생 또한 이 3가지를 바꾸고 변화의 길로 들어섰고, 결국에는 크게 방향을 달리하게 되었다. 요즘에는 사는 곳, 만나는 사람들에 대한 정의를 오프라인뿐만 아니라 온라인도 포함해서 생각할 필요가 있다. 오히려 요즘에는 오프라인보다 온라인에서 받는 영향이 더 크기도 하다. 실제로 나는 사는 동네를 바꾸지는 않았지만 온라인에서 자주 가는 곳이 바뀌니 만나는 사람이 바뀌고, 마주치는 정보가 바뀌었다.

2017년 나의 인터넷 거주지는 포털사이트였다. 포털사이트 앱에서 자동으로 뜨는 기사를 돌아다니는 것이 나의 주 활동 무대였다. 그러다 유튜브를 알게 되었고, 어느샌가 포털사이트 앱보다 유튜브에 더 오래 머물게 되었다. 유튜브에서 나는 주로 인터뷰 영상을 많이 보게 되었는데, 이곳에서 다양한 직장인·퇴사자·프리랜서들을 자연스럽게 많이 만나게 되었다. 물론 혼자 영상을 시청하는 거다 보니 일방적이며 간접적으로 만나는 것이었지만, 나는 이들에게 상당한 영향을 받았다. 온라인 세상에서 주로 찾는 동네가 바뀌니 만나는 사람도 달라진 셈이다.

나는 그곳에서 만나는 사람과 직접적·간접적인 소통을 하면서 또 다른 삶의 방식에 눈을 떴다. 동네가 바뀌고 만나는 사람이 바뀜으로써 생각이 바뀌었고, 결국 생각은 습관을 바꾸게 했다. 퇴근 후, 텔레비전을 보면서 적당한 휴식을 취하고, 콘텐츠와 물건을 소비하는 삶을 살던 내가 '나도 생산자의 삶을 살고 싶다'는 생각을 품게 됐다. 그 이후부터 삶을 바라보는 관점과 시간을 소비하는 방식이 바뀌었다. 좋고 나쁘고의 문제가 아닌, 삶을 바라보는 방향 자체가 바뀐 것이다.

우리 대부분은 생각보다 더 많이 환경에 영향을 받는 존재이다. 동네 분위기, 매일 지나가는 골목, 매일 가는 카페, 지나가면서 보는 사람들의 분위기에 알게 모르게 상당한 영향을 받는다. 그것이 내 몸가

집, 말투, 옷차림, 생각 방식에 모두 스며든다. '맹모삼천지교'라는 말도 실제로 사는 곳을 바꾸면 만나는 사람이 바뀌고 자녀의 공부 습관이 바뀔 것을 알았다는 뜻일 것이다.

이제는 내 주변 환경을 생각할 때, 오프라인뿐만 아니라 온라인 활동 영역까지 넓혀서 생각해야 한다. 당신이 주로 머무는 온라인 환경을 떠올려보자. 주로 뉴스 기사를 본다면 어떤 섹션의 뉴스를 많이 보는지, 유튜브를 본다면 어느 주제의 채널에서 주로 머무는지, 인스타그램에 시간을 많이 쏟는다면 팔로우하여 나에게 주로 보이는 피드들은 어떤 류의 사람인지, 나는 어떤 느낌과 감정을 주는 사진들을 많이 보는지 생각해보자. 그곳이 바로 당신이 사는 동네이다.

내가 사는 곳에 따라 자연스럽게 만나는 사람이 달라진다. 당신이 사는 온라인 세상 속에서 만나는 사람들은 어떤 사람들인지 생각해보자. 내가 주로 만나는 사람이 화가 가득한 악플러들인가? 사실과 사실이 아닌 것이 구별되지 않고 터무니없는 주장만 하는 댓글을 쓰는 사람들인가? 직접적인 소통이 아니더라도, 스쳐가는 사람들에게도 우리는 영향을 받는다. 인터넷에서 마주치는 사람들에게 내가 좋은 영향을 받고 있지 않다고 느껴진다면, 과감하게 인터넷 거주지를 옮기는 것이 좋다.

오프라인 거주지는 내 마음처럼 옮기기가 쉽지 않다. 경제적인 문제부터, 직장 문제, 아이 학교 문제 등 많은 것이 얽혀 있어 복잡하다.

그러나 온라인 환경은 내가 마음만 먹으면 언제든지 옮길 수 있다. 심지어 돈도 들지 않는다. 이렇게 내 주변 환경을 바꾸기 쉬운 시대가 있었을까? 나는 이 축복을 많은 사람들이 누렸으면 좋겠다. 나에게 좋은 환경을 선물해주자. 내가 원하는 삶의 방향을 함께 공감할 수 있고, 그렇게 이미 행동하고 있는 사람들이 모이는 곳으로 온라인 거처를 옮기자.

내가 원하는 삶을 살고 있는 사람들이 모인 인터넷 환경으로 옮기자

최근 3년 동안 당신의 삶에 큰 변화가 없었다면 당신이 만나는 사람들 또한 변화가 없었을 가능성이 크다. 당신의 삶을 변화시키고 싶은 열망이 있다면 당신이 가장 먼저 해야 할 일은 온라인 거주지를 옮기는 것이다. 양질의 콘텐츠를 접할 수 있고, 좋은 사람들이 모이는 환경을 당신에게 선물해주자.

최근에는 관심 기반으로 모이는 온라인 모임이 정말로 많다. 내가 좋아하는 유튜버의 댓글창에서 만나는 사람들은 나와 비슷한 관심사를 가진 사람들이다. 이렇게 아주 느슨한 연결고리가 있는 커뮤니티부터 좀 더 단단한 연결을 가진 온라인 커뮤니티까지, 관심 기반으로 모인 사람들에게는 배울 점이 많고, 오프라인에서 만나는 사람보다 더 편하기도 하다. 가끔 오프라인 세상에서는 내가 추구하는 인생의 가치를 공감받지 못하는 경우가 있다. 새벽 기상을 하는 사람은 "너 왜 이렇게까지 열심히 살아?"라는 핀잔 아닌 핀잔을 듣기도 하며, 점심 먹고 좀 졸려 하면 "너 너무 일찍 일어나서 그래"라는 말을 듣기도 한다.

온라인에서 같은 관심사를 가지고 만난 사람들은 서로 그런 말을 하지 않는다. 대신 더 잘할 수 있는 노하우를 공유하고, 서로가 지치지 않게 끌어준다. 추구하는 삶의 방식이 비슷하기에 그 삶의 방식을 선택한 이유를 매우 잘 알고, 그 의미를 곡해하지 않기에 불필요한 설명을 할 필요도, 불필요한 말을 들을 일도 없다. 그저 관심사에 더 깊이 집중할 수 있는 분위기만 있을 뿐이다.

당신이 원하는 삶을 살고 있는 사람들이 모인 환경으로 들어가라. 쓰레기가 있는 뒷골목으로 다니고 싶지 않듯, 더럽고 냄새나는 인터넷 뒷골목을 지나다니지 않았으면 한다. 예쁘고, 고급스럽고, 우아하고, 영감을 주는 골목과 가게는 얼마든지 있다.

나 또한 온라인 시간 관리 모임인 타임블럭크루를 운영하면서 매일 느낀다. 비슷한 사람들이 모였을 때 서로 주고받는 시너지가 얼마나 큰지를 말이다. 좋은 환경과 좋은 사람들, 그리고 좋은 정보에 나를 노출시켰을 때 내가 얼마나 변할 수 있는지!

혼자서의 의지만으로는 실천이 어렵다면 주변을 둘러보자. 당신

주변의 오프라인, 온라인 환경이 긍정적 변화를 일으키기에 적합한
지 말이다. 그렇지 않다면 가장 먼저 온라인 환경부터 바꿔보자. 본인
이 원하는 삶을 살고 있는 사람들이 모인 곳으로 가라. 그리고 마음
껏 배우고, 공유하고, 즐기고, 흡수하라. 변화와 성장은 그냥 자연스
럽게 따라올 것이다.

전략 9: 꾸준함을 모든 것에
강요할 필요는 없다

나는 보는 드라마가 바뀔 때마다, 좋아하는 연예인이 달라질 때마다 취미 생활도 바뀐다. 어느 드라마에서 승마를 하면 승마가 배우고 싶고, 어느 드라마에서 개발자가 멋지게 나오면 코딩을 배우고 싶다. 최근에는 2021 도쿄올림픽이 막 끝이 났는데 여자 배구가 아주 핫한 키워드이다. 여자 배구팀의 멋진 팀워크에 반한 나는 배구를 배우고 싶어서 온 동네 동호회를 다 뒤졌다. 아쉽게도 코로나19로 현재 대부분 운영하지 않고 있어 실천에 옮기지는 못했다. 코로나19가 아니었으면 나는 분명 주말 하루는 배구를 하느라 지금 시퍼렇게 멍든 팔로 글을 쓰고 있을 것이다. 뭔가 하나에 꽂히면 강렬하게 빠져들지만 빠져나오는 속도도 빠르다. 어릴 때 하루걸러 장래희망이 바뀌었듯이, 나는 아직도 하루걸러 관심사가 바뀐다.

나는 이런 나 같은 사람이 지구상에 상당히 존재하고 있다는 것을 안다. 그런데 우리 같은 사람의 대부분은 약간의 죄책감을 가지고 있다. 빨리 끓고 금방 식는 사람, 뭐 하나 꾸준히 하지 못하는 사람이라는 인식이 스스로를 작게 만든다. 그리고 이것을 고치려고도 시도해봤지만, 쉽게 고쳐지는 부분이 아니었다.

나는 이제 아예 인식을 바꾸었다. '이런 나의 성향을 고쳐야 해?', '이게 문제야?', '고칠 필요가 있는 영역인가?'라고 생각했다. 사실 직업을 하루걸러 바꾸는 것도 아니고, 취미 생활이 바뀌는 것이다. 이렇게 생각하니 전혀 문제가 될 것이 없다는 생각이 들었다. 취미 생활마저 '꾸준함'이라는 것에 초점을 맞추어야 할까? 나는 취미 생활로는 하나를 깊이 파기보다는 다양한 것을 적당한 수준으로 즐기는 것으로 만족하는 성향이라 받아들이기로 했다. 그렇게 생각하다 보니 '나의 취미는 그때그때 관심 가는 승마, 배구, 코딩, 꽃꽂이, 기타, 프랑스 자수가 아니라 새로운 뭔가에 빠져드는 그 느낌을 즐기는 것 자체가 내 취미가 아닐까' 하는 생각으로 이어졌다. 나는 더 이상 나의 이런 성향을 문제 삼지 않기로 했다.

단, 우리 같은 사람들이 조심할 것이 하나 있는데 단기간에 너무 깊이 빠진다는 것이다. 그래서 일상적으로 해야 하는 것에 영향을 주면서까지 단기 몰입의 힘으로 한 분야를 파고든다는 데 있다. 그리고 모든 취미에는 돈이 들기 마련인데, 강렬한 에너지로 깊이 파고들다

보니 몸이 체득하는 것보다 머리가 체득하는 속도가 훨씬 빨라서 초반부터 좋은 장비를 마련하고 싶다는 마음이 크게 든다는 것이다.

우리는 이것을 현명하게 컨트롤할 필요가 있다. 우리가 컨트롤해야 하는 것은 관심이 머무는 기간을 단기에서 꾸준함으로 바꾸는 것이 아니다. 우리가 컨트롤해야 하는 것은 나의 일주일 중 새로운 취미에 빠져드는 시간이 일상을 방해하지 않도록, 새로운 취미에 빠져서 쓰는 돈이 일정 금액을 넘지 않도록 하는 것이다.

일주일 또는 한 달 동안 내가 취미에 할애할 시간 블럭을 미리 확보해두자. 예를 들면 한 달에 두 번, 둘째 주와 넷째 주 주말, 이렇게 말이다. 그리고 취미 생활에 할애하는 돈도 '월 20만 원을 넘지 않는다'라고 정해두는 것이다. 그럼 그 시간 안에서는 취미가 드럼이었다가, 승마였다가, 서핑이었다가, 코딩이었다가, 꽃꽂이였다가, 배구였다가 바뀌어도 전혀 죄책감이 없다. 나는 취미가 자주 바뀌는 사람이고, 취미의 깊이는 그때그때 다르다는 것을 받아들이는 것만으로도 더욱 즐겁게 취미 생활을 즐길 수 있을 것이다. 그리고 시간과 돈을 제한해둠으로써 일상의 균형도 지켜나갈 수 있을 것이다.

10

전략 10:
그냥 닥치고 하는 게 답일 때도 있다

지금까지 실행력을 올리기 위한 다양한 방법들에 대해 이야기했다. 나는 시스템을 굉장히 중시하는 사람이다. 중요도로 본다면 시스템:의지 = 80:20이다. 좋은 시스템을 갖추고 있다면 실행할 확률, 성공할 확률이 높다. 의지는 믿을 것이 못 되고, 오래가지도 않기 때문에 시스템을 잘 구축해두면, 의지로만 실행할 때보다 훨씬 덜 힘들고, 적은 에너지로 높은 성과를 볼 수 있다.

그런데 여기서 하나 착각하면 안 되는 것이 있다. 시스템:의지 = 80:20이라고 했을 때, 시스템이 아무리 견고해도 의지가 0이 되는 순간 80+0은 80이 아니라 0이다. 의지가 조금이라도 있어야 시스템이 작동하는 것이다. 의지 없이 시스템이 100%를 채울 수는 없지만, 시스템이 없더라도 의지만으로 100%를 채울 수 있다.

결국 사람이 하는 것이다. 자동으로 흘러가는 컨베이어벨트가 아니라 결국 내가 해야 하는 것이다. 의지가 없으면 아무리 좋은 시스템을 구축했다고 할지라도 결과물은 제로(Zero)이다. 그래서 실행력을 높이는 여러 전략들을 아는 것이 도움이 되지만, 시도조차 하지 않는다면 말짱 도루묵이다. 이럴 때는 여러 가지를 따지지 말고 그냥 일단 닥치고 할 일을 하는 것이 가장 최선일 수 있다.

'어제 늦게 자서 5시간밖에 못 자네? 내일 새벽 기상 힘들겠어'라고 웅얼거리며 잠자리에 들면 벌써 일어나지 않을 여지를 남기고 자는 것이다. 새벽 기상이 아니라, 회사에 지각하는 상황이라고 하면 무슨 일이 있어도 반드시 일어났을 것이다. 그냥 몇 시간밖에 잤네, 못 잤네 생각하지 않고 그냥 그 시간에 일어나는 마음가짐도 필요하다.

마감 기한이 1시간 남았을 때, 초인적인 집중력이 나오는 것을 모두 경험해보았을 것이다. 결과물 또한 높은 집중력에 상응할 만큼 꽤 괜찮은 수준이다.

회사를 다닐 당시에 나는 매월 경영진 보고를 준비했다. 하루가 꼬박 걸려 준비했고, 보고 후 수정하는 데도 꽤 많은 시간이 걸렸다. 그런데 어느 날, 보고 시간이 급하게 바뀌어 1시간 뒤에 바로 경영진 보고를 해야 하는 일이 생겼다. 그때 팀원 모두가 초인적인 집중력을 발휘해 빠르게 일을 분배하고 1시간 만에 작성·보고·수정·출력까지 완성해 무사히 보고를 끝마친 경험이 있다. 예전 같으면 팀원 모두 이

틀 이상 걸려야 했던 일을 1시간 안에 완성한 것이다. 한 명당 이틀이 걸려야 하는 것이라면 부서 전체로 보면 60시간 이상이 걸리는 일인데, 이것을 총 6시간, 1/10시간 만에 끝낸 것이다. 그렇다고 퀄리티가 떨어졌느냐, 전혀 그렇지도 않았다.

이것은 무엇에 기인했을까? 진짜 하지 않으면 안 된다는 불안함, 더 이상 물러날 곳이 없다는 간절함이 초인적인 집중력을 만들어 냈을 것이다. 이때는 정말 그냥 하는 것이다. 이것만이 최고 우선순위인 것이다. 우선순위가 무엇인지 고민하지도 않을 만큼, 고민할 겨를도 없이 실행하는 것만이 최고의 우선순위인 것이다. 그러니 집중력이 최고로 발휘되는 것은 너무도 당연하다. 이 정도로 간절하고 급하면 그냥 하는 거다. 이유도 방법도 없다. 그냥 하는 거다.

그냥 닥치고 하자. 더 이상 스스로에게 '우쭈쭈'를 남발하지 말자. 너무 많은 관용은 악이 된다. 나를 사랑한다고? 그냥 닥치고 하는 것이 나를 더 사랑하는 방법일 수 있다. 지금 혹시 이 책을 읽는다는 핑계를 대면서 해야 할 일을 미루고 있지는 않은가? 당장 책을 덮고 그 일을 하라. 그냥 하라. 닥치고 하라.

Check Cycle
: 나를 발전하게
하는 힘

점검: 시간을 들일 만큼
충분한 가치가 있는 시간

"역사를 잊은 민족에겐 내일이 없다고 했는데, 그게 딱 맞는 말인 것 같
아요."

시간 점검을 제대로 익힌 한 타임블럭크루가 한 말이다.

"와! 오늘 계획한 거 다 했어. 오예!"
"아… 오늘은 프로젝트 준비 끝내려고 했는데, 시작도 못 했네…"

그동안 기존의 일정표를 작성하며 계획을 실행했는지, 하지 못했
는지 정도의 점검만 하고 있었다면 이 챕터를 주의 깊게 읽어주기를
바란다. 또한, 매일 '내일은 잘하자! 화이팅!' 하는 외침이 내일이 되

면 무색해지는 패턴을 반복하고 있다면 이 챕터가 도움이 될 것이다. 이 챕터는 충분히 시간을 들여 이해할 만한 가치가 있다.

지금까지 계획 실천 완료·미완료 정도의 점검만을 해왔고, 실천 여부에 따른 기쁨과 자책의 반복적인 사이클에서 벗어나고 있지 못하다면 당신에게는 제대로 된 '점검의 단계'를 추가하는 것이 반드시 필요하다.

제대로 된 점검이란 무엇일까? 계획대로 했는지, 하지 않았는지에 대해서 점검하는 것 이상의 점검이란 무엇일까? 바로 '왜(Why)'에 대해서 생각해보는 것이다. 평소보다 계획이 잘 지켜졌다면 그만한 이유가 있을 것이고, 계획이 잘 지켜지지 않았다면 그 나름의 이유가 있을 것이다.

"아… 오늘 운동을 못했네! 내일부터 다시 화이팅 하자!" 하는 다짐이 내일이 되면 메아리로 끝나는 이유는 무엇일까? 우리가 계획을 지키지 못하는 것에는 사실 여러 이유가 있고, 그 각각의 이유들은 서로 연관을 주고받고 있다. 그런데 그 이유를 알지 못한 상태로 '화이팅'만 외치는 것은 밑 빠진 독에 물 붓기인 것이다. 때문에 우리는 '왜 내가 계획을 세운 것만큼의 실천을 하지 못했는지' 그 이유에 좀 더 관심을 기울일 필요가 있다. 계획이 잘 지켜진 이유, 지켜지지 못한 이유를 알면, 더 좋은 계획을 세울 수 있기 때문에 이유에 집중하는 것은 충분히 가치가 있는 일이다.

내가 병원의 시스템을 만드는 업무를 하면서 배운 가장 핵심적인 개념은 '5-Why를 통한 근본 원인 분석'이다. 어떤 문제를 해결하기 위해서는 그 문제를 발생시킨 뿌리가 되는 원인을 찾아야 하고, 그것을 찾는 방법으로 다섯 번 이상 "왜?"라고 끈질기게 물어보는 것이다. 나는 병원에서 일어나는 크고 작은 문제의 본질에 접근하기 위해 끈질기게 "왜?"를 물어내려가는 트레이닝을 받았다. 나는 이 5-Why를 통해 문제의 본질을 찾아가는 훈련이 직장 생활을 하면서 배운 가장 큰 자산이라고 생각한다.

나는 이것을 내 하루, 그리고 일주일을 돌아보는 데 적용했다. 덕분에 내가 왜 이렇게 행동했는지에 대한 여러 가지 이유와 그 이유들이 각각 어떻게 연결되어 있는지를 볼 수 있었다. 그 이유를 알게 되니 당연히 더 합리적이고 나에게 맞는 내일의 계획을 세울 수 있게 되었다. 더 이상 나는 무조건적인 '화이팅'을 외치지 않게 되었다. 이것은 나와 함께하는 타임블럭크루들도 마찬가지다. 이제는 그들도 나만큼이나 제대로 된 점검이 스스로를 성장시키는 중요한 단계임을 이해하고 있고, 그 시간을 소중히 여기고 있다.

지금껏 해본 적이 없는 제대로 된 점검의 시간이 당신을 명확하게 바라볼 수 있게 하고, 그것을 통해 당신에게 성장하는 힘을 가져다줄 것이다. 우리가 그랬던 것처럼 말이다.

왜(Why)라고 물으면
어떻게(How)를 얻을 것이다

"왜 내가 차였지?"

"내가 뭘 잘못했지?"

"내가 한 말의 어떤 부분에 상처를 받았을까?"

"왜 나는 그때 그런 말을 했던 걸까?"

"왜 우린 다시 시작할 수 없는 거야?"

스스로에게 끈질기게 질문을 던져본 적이 있는가? 사실 우리는 실연에 버금갈 정도의 강력한 충격을 받기 전에는 스스로에게 깊은 질문을 하지 않고 살아간다. 우리가 좀 더 자주 스스로에게 질문을 던지고, 연인 관계에서 생기는 작은 고비에 대해 알아가려 노력했다면 영문도 모른 채 차이는 일은 없지 않을까?

우리가 인생을 원하는 대로 살기 위해서는, 그리고 세상에 갑자기

뒤통수 맞는 일이 없도록 하기 위해서는 내 인생을 주기적으로 들여다보고, 나에게 질문을 던지는 것이 필요하다. 나는 매일 간단히 하루를 점검하고, 일주일에 한 번은 조금 더 깊은 점검의 시간을 가진다. 조금 더 깊은 점검이라 해봤자 걸리는 시간은 15분 남짓이다. 이 작은 시간들이 쌓여서 나는 내가 원하는 대로 삶을 이끌 수 있게 되었다. 점검을 통해 매일 성공적인 하루를 산다고 자랑하는 것이 아니다. 오히려 점검을 통해 주저앉아 있는 나를 방치하지 않게 되었고, 이상한 곳으로 가고 있는 나를 너무 늦지 않게 잡아올 수 있었다.

Why(원인) - 꼬리 물기 끝에 How(해결책)이 기다리고 있다

점검을 하면서 당신이 기억해야 할 한 가지는 'Why(이유)'에 대해 생각하는 것이다. 무턱대고 이유에 대해 생각하라고 하면 어려울 수 있기에 4가지 방향성에 대해 물어보았으면 한다. 외부적 요인, 체력적 요인, 심리적 요인, 기타 요인을 나누어서 생각하면 훨씬 더 많은 대답을 찾을 수 있다.

회사에서의 예를 들어보자. 이번 주의 업무 목표가 '프로젝트 홍보물 시안을 2개 만들어 보고하기'였다고 가정하자. 그런데 일정대로 일을 마무리하지 못했을 때, 우리는 어떤 질문을 해야 다음 주에는 제대로 일을 끝낼 수 있을까? 단순히, '이번 주에는 너무 바빴어. 다음 주에는 꼭 마무리해야지!'라고만 마음먹으면 다음 주에는 일을 마무리할 수 있을까? 다음 주라고 바쁘지 않을까? 제대로 된 이유를 찾아야 하는 이유는 그 이유 끝에서 효과적인 해결책을 찾을 수 있게 되기 때문이다.

외부적 요인

예를 들어, 스스로에게 '홍보물 시안을 2개 만들어야 하는데, 왜 아직 1개밖에 만들지 못했지?'라고 질문해보자. 팀장님이 갑자기 다른 일을 시켜서 그 일을 먼저 하느라 그랬다는 생각이 든다. 그럼 거기서 질문을 끝내서는 안 된다. '왜 나는 팀장님이 시키는 일을 먼저 한 것이지?'라고 다시 한 번 물어본다. 팀장님이 시키니까 무조건 그렇게 하는 것밖에는 방법이 없었는지? 아니면 팀장님이 요청한 일이 실제로도 더 급한 일이었는지를 생각해본다. 그 생각 끝에서 당신은 '앞으로 어떻게 행동하면 좋겠다!' 하는 해결책이 생각날 것이다.

만약에 팀장님이 요청한 일이 당신이 생각하기에도 급한 일이라면, 원래 가지고 있었던 목표인 홍보물 시안에 대한 업무 마감 기한을 수정하고 관련된 사람과 협의를 하는 것이다. 그러면 책임감 없이 일을 미루는 사람이라는 인식은 주지 않고, 기한은 연장되면서 오히려 의사소통이 명확하고 일 잘하는 사람으로 인정받을 것이다. 스스로 쫓기는 마음을 가지지 않는 것은 당연하고 말이다.

반대로 우선순위에 대한 생각 없이 일단 팀장님이 요청한 일이니까 쉽게 내가 정한 계획을 뒤로 미루는 경향이 있었다는 결론에 다다른다면, 동일한 상황이 왔을 때 어떻게 대응해야 할지에 대한 전략을 세울 수가 있다. 팀장님에게 지금 당신이 하고 있는 업무 계획을 말씀드리고, 팀장님이 요청한 일의 마감 기한을 조정해볼 수 있는 것이다. 이렇게 되면 상사는 당신이 무슨 일을 진행하고 있는지 다시 한 번 인식하게 되고, 본인이 요청한 일의 결과물을 바로 받을 수 있지는 않지만, 이 같은 과정을 통해 상황 판단이 빠른 직원이라는 인식을 줄 수 있을 것이다. 그리고 당연히 스스로는 내가 하고 있는 업무에 대한 통제력을 어느 정도는 가지고 있다는 생각에 업무 만족도도 높아질 것이다.

신체적 요인, 심리적 요인, 기타 요인

몸이 아파서 평소만큼의 효율이 나오지 않을 때도 있다. 그리고 몸이 아픈 것은 심리적으로도 큰 영향을 미친다. 내가 계획한 대로 홍보물 시안 2개 만들기를 달성하지 못한 까닭이 이번 주 나의 신체적, 심리적 요인 때문인지 스스로에게 물어볼 필요가 있다. 특히나 심리적인 요인이 있다면 더 여러 번 Why와 How를 번갈아 물어보는 것이 도움이 된다. 아래와 같은 흐름으로 도움을 받을 수 있다.

[Why] 왜 나는 이번 주에 해야 할 홍보물 시안 2개를 만들지 못했어?

[Answer] 마음의 부담이 있는 것 같아

[Why] 왜 마음의 부담이 있는 거지?

[Answer] 홍보물 시안 작업은 처음 해보는 업무라서 어디서부터 어떻게 해야 할지 모르겠어.

[How] 그럼 이 일을 해본 B선배에게 물어보는 건 어떨까?

✎ 아! 그럼 오늘 B선배에게 어려움을 말씀드리고 업무 진행 과정을 배운 다음에 다시 업무 스케줄을 조정해야겠어.

회사생활을 하다 보면 혼자서 제대로 된 업무 전략도 없으면서, 일을 뭉개고 진행시키지 못하는 경우가 드물지 않게 있다. 이럴 때 내가 왜 이것을 진행하지 못하고 있는지, 그에 대한 심리적인 이유를 5분만 생각해보면 놀랍게도 해결할 수 있는 방법을 스스로 찾을 것이다.

일상 속 예시를 생각해보자. 우리가 항상 마음은 먹지만, 늘 '내일부터'로 넘어가는 운동! 그 운동이 마음처럼 되지 않는다면 우리는 스스로에게 어떻게 질문을 던져야 할까? 외부적 요인을 점검할 때 스스로에게 던져볼 수 있는 질문은 이런 것들이다.

[Why] 왜 나는 이번 주에 운동 세 번 가려고 했는데, 한 번밖에 못 갔지?

[Answer] 이번 주에 약속이 많았어.

[Why] 약속 시간이나 약속 횟수를 조절해볼 수는 없었나?

[Answer] 약속 시간이나 횟수를 조절해야 한다는 생각조차 하지 못했네.

[Why] 운동을 가는 것을 미룰 만큼 중요한 약속이었어?

[Answer] 음… 하나는 중요한 약속이었고, 다른 하나는 변동 가능한 약속이었던 것 같아.

[Why] '운동 세 번'이라는 계획 자체가 나에게 현실적으로 시간을 내기 어려운 정도는 아니었을까?

[Answer] 맞아. 평일 1회, 주말 1회는 반드시 갈 수 있는데, 나머지 1회는 좀 버겁기는 해.

[Why] 덩어리 시간을 내야 하는 운동 외에도 일상에서 틈새 운동을 끼워 넣을 수는 없을까?

[Answer] 그럼 집에 갈 때 엘리베이터 대신 계단을 이용해야겠어!

이렇게 스스로에게 질문을 던지는 방식의 점검을 거치면 우리는 막연히 운동해야 한다는 야심 찬 계획은 세워두고 흐지부지되는 패턴을 멈출 수 있게 된다. 점검의 시간을 통해서 현실적으로 가능한 방법을 찾고, 어떻게든 운동을 하게 될 것이다.

지금 많은 예시에서 보았듯이 'Why-꼬리 물기'가 중요한 이유는 제대로 된 이유 끝에 효과적인 해결책이 기다리고 있기 때문이다. '어떻게 그런 해결 방법을 생각하셨어요? 창의적인 생각은 어디에서 나오나요?'라는 질문을 자주 받는다. 비결은 하나다. 본질에 다가가는 질문을 반복적으로 계속 던지는 것! 고구마 줄기처럼 계속 why를 물어가다 보면, How는 그냥 딸려 나오는 고구마 같은 것이다. 더 이상 '계획 성공/실패'에 일희일비하지 말자. 우리에게 필요한 것은 오늘 성공했으면 내일도 성공하는 능력이며, 오늘 실패했으면 내일은 성공으로 돌리는 능력이다. 그러려면 내가 오늘 왜 성공했고, 왜 실패했는지를 알아야 한다.

나는 매일 자기 전 하루를 점검하고, 주말에 나의 한 주에 대해 깊이 있는 점검을 하고 있다. 그것도 잦은 주기로 말이다. 블럭식스 시간 관리 시스템은 '사이클'이다. 즉 반복적으로 시행되었을 때 그 효과가 극대화된다. 처음 시작할 때는 작은 눈송이지만 이 작은 눈송이를 매일, 매주, 매달, 매분기, 매년 굴려간다면 눈송이는 어마어마하게 강력한 힘을 가진 눈덩이가 되어 있을 것이다.

당신이 이번 주에 해내고 싶은 것은 무엇이었는가? 그것이 계획대로 잘 수행되었는가? 아니면 그렇지 않은가? 이 챕터가 끝나면 책을 덮고 차분히 5분만 Why-꼬리 물기를 해보자.

3

점검의 효과:
별것 아닌 것이 별것이 되는 시간

매일 그리고 한 주마다 점검의 시간을 꾸준히 가진 사람들에게 그 시간은 어떤 보상을 해줄까?

목공에 빠져, 강아지 식탁의자 브랜드 '꼰띠고'를 창업한 1인 기업가 빛나 님은 좋아하는 것을 발견하고, 창업할 수 있도록 힘을 낼 수 있었던 것이 제대로 된 점검의 시간 덕분이라 말한다. 그와의 대화 속에는 점검이 가져다줄 수 있는 긍정적인 변화가 모두 담겨 있었다.

그가 말하는 첫 번째 긍정적인 변화는 '어떻게든 해내게 된다는 것'이다.

"하루를 돌아보는 시간이 제가 하고 싶은 일을 밀고 나가는 데 정말 큰 힘을 줘요. 그전까지는 제가 하고 싶은 게 너무 많다 보니 이거 했다가, 저

거 했다가 하면서 어느 순간 내가 이걸 왜 시작했는지도 잊어버려요. 그러다 보니 당연히 성과도 안 났고요. 그런데 이제는 제 스스로도 놀랄 만큼 정말 달라졌어요. 자기 전에 항상 하루를 어떻게 보냈는지 들여다봐요. 그러면서 내가 오늘 이것을 왜 하고 있는지 자연스럽게 생각해보게 되더라고요. 그리고 오늘 끝마친 것에 동그라미를 치면 그 뿌듯함이 말도 못 해요. 그리고 오늘 다하지 못했던 게 있으면 '괜찮아 내일 하면 되지'하고 나를 토닥여주고 생각해봐요. 진짜 내일 해낼 수 있는 방법을 말이죠.

그리고 두 번째는 '자기 확신'이다.

"정말 신기한 게 점검의 시간이 쌓이면서 점점 자기 확신이 생기더라고요. '아! 나 이렇게 하면 되는구나!'하고요. 저는 거의 10년 넘게 계속 회사를 다녔기 때문에 월급 없는 생활을 상상도 못했어요. 그렇지만 항상 마음 한 켠에 '강아지와 함께할 수 있는 일'을 하고 싶다는 마음은 있었어요. 그런데 그것이 무엇인지도 명확하지 않았고, 직장을 내려놓을 용기도 없었지요. 그런데 매일 점검을 하면서 우리 강아지를 위해 만들었던 강아지 식탁의자를 더 널리 알리고 싶어 한다는 것을 알게 되었어요. 제가 어느 정도로 자기 확신이 생겼냐면, 회사에 스스로 말을 했어요. 월급을 줄여도 좋으니 프리랜서로 전환하겠다고 말이죠. 회사도 코로나19로 조금씩 어려워지고 있던 터라 저는 기본적인 소득을 유지하면서 제가 하고 싶은 일에 도전할 시간을 확보할 수 있었습니다. 서른 중반의 나이에 새로운 것에 도전했고, 아직 의미 있는 수익을 거두고 있지는 않지만 저는 두렵지 않아요. 이런 자기 확신이 생기다니 저도 정말 놀라워요. 하루를 돌아보는 작은 시간. 그게 별거 아닌 거 같아 보이는데 정말 별거예요."

세 번째 긍정적인 변화는 '자기 정체성'과 '꿈'을 발견한 것이다.

"매일 플래너를 쓰다 보면 X 표시가 엄청 많아져요. 그런데 내가 왜 계획을 못 지켰는지를 생각하다 보면 나를 알아가게 되거든요. 그래서 이 시간이 정말 필요합니다. 이 시간을 통해서 내가 뭘 하는 사람인지, 이걸 왜 하는지 알게 되고, 자신감이 생겨요. 매일 플래너를 쓰면서 정말 명확한 저의 꿈이 무엇인지 알게 됐거든요. 저는 앞으로 애견 가구에서 더 나아가 강아지용품 공방을 운영하며 사람들이 강아지와 함께할 수 있는 공간을 만들고 싶다는 꿈을 그리게 됐어요."

그의 눈빛은 확신에 차 빛나고 있었다. 매일 5분 남짓한 시간으로 그가 얻은 '자기 확신'은 돈으로는 살 수 없는 것이리라. 1년간 꾸준히 쌓인 이 시간이 그에게 스스로 누구인지 정체성을 알려주고, 꿈을 밀고 나갈 수 있는 힘을 주는 것으로 보상해주었다.

4

감정을 모아보면
시간이 보인다

나는 하루를 마감하면서 하루 6블럭의 달성 정도를 점검함과 동시에 '세 줄 일기'를 쓴다. 3년 전 세 줄 일기에 대해 다루는 책을 읽고 100일 동안 도전해본 것이 시작이었다. 당시 세 줄 일기를 100일 동안 꾸준히 써본 뒤 가장 좋았던 점은 매일 똑같은 하루라고 느껴지던 것이, 매일 조금씩 다른 다이나믹한 하루라는 것을 알게 된 점이었다.

매일이 다르다고 느끼니 하루에 대한 감사함이 커졌다. 또한 잠들기 전에 그날의 감상을 세 줄 적는 것만으로도 좋았던 일, 감사한 일은 배가되고, 슬픈 일, 힘든 일은 그날로 털어버리고 잘 수 있었다. 그리고 내일 있을 가장 중요한 일, 내일을 기다리는 마음을 적음으로써, 다음 날 아침을 좀 더 의식적으로 시작하게 되었다. 세 줄 일기의 장점을 깨닫고 나서 나는 꾸준히 세 줄 일기를 적고 있고, 내가 만든

〈블럭식스 플래너〉에도 세 줄 일기를 쓸 수 있는 칸을 넣었다.

1~6블럭에는 계획한 일에 대한 내용이 적힌다. 실행했는지, 실행하지 않았는지, 무엇을 잘했고, 무엇을 잘못했는지에 대한 체크나 스케줄이 적힌다. 그러나 세 줄 일기 칸에는 감정이 적힌다.

시간 관리는 이성의 영역 같지만, 상당한 부분 감정의 지배를 받는다. 우리는 많은 순간 감정에 따라 계획을 잘 지키기도 하고, 그렇지 않기도 한다. 따라서 감정을 세심히 들여다보는 노력은 시간 관리에 꽤나 도움이 된다.

매일 감정을 적는 것 자체는 분명 의미 있는 일이지만, 흩어진 감정 기록들 사이에서 내 삶을 더 낫게 만들어줄 만한 교훈을 찾아내기는 쉽지 않다. 데이터가 정보가 되려면 이것들을 모아서 봐야 한다. 나는 일주일간의 감정 기록을 한곳에 짧게 적어보기 시작했다.

월요일: 점심에 떡볶이 먹고 소화가 안 돼서 기분이 안 좋았음.

화요일: 점심을 늦게 먹어서 많이 먹게 됨. 졸려서 오후 일 많이 못했음.

수요일: bad 없음! ^^

목요일: 어제 저녁에 고기를 너무 많이 먹어서 오늘 종일 소화가 안 됨.

금요일: 술을 너무 많이 마심. 후회.

토요일: 산행 후 돌미나리 전 먹고 체함.

일요일: bad 없음! ^^

나는 정말이지 놀라고 말았다. 식습관을 개선해야 할 필요성은 알았지만, 이 정도일 줄은 몰랐다. 그동안 내가 부적절한 식습관을 걱정했던 것은 내 체중, 몸매, 건강상의 문제 때문이었다. 그런데 나의 식습관이 정서적으로 부정적인 감정에 지속적으로 영향을 미치고 있는 줄은 몰랐다.

그리고 더 심각한 것은 잘못된 식습관으로 나빠진 기분, 몸 상태가 나의 시간에 매우 큰 영향을 미치고 있었다는 점이다. 매운 것을 먹거나, 급하게 먹거나, 과식을 하는 등의 식습관이 내 몸의 컨디션을 나쁘게 만들어 이후 해야 할 일을 할 때 효율이 완전히 떨어진 것이다. 따라서 한참 일해야 하는 3블럭인 1시부터 3시 정도까지는 졸리거나, 더부룩하거나 하는 기분이 들었고, 그것은 내가 하려고 했던 일을 제대로 하지 못하게 방해하는 큰 요인이었던 것이다.

시간 관리를 잘하는 법에는 널리 알려진 몇 가지 공식이 있다. 예를 들면, 목표를 세분화할 것, 마감 기한을 정할 것, 작은 습관에 집중할 것, 의지가 아닌 시스템을 만들 것 등이다. 그러나 그런 것들을 다 해보아도 무언가 부족하다고 느낄 때, 내 감정을 들여다보자. 무기력을 가져오는 것, 나에게 귀찮음을 가져다주는 것은 내가 생각지도 못한 나의 반복적인 감정일 수 있다. 그 감정을 알아차리면 그 감정을 가져오는 반복적인 행동과 상황을 찾아낼 수 있다.

매일 세 줄 일기를 적고 그것을 주기적으로 모아보는 습관 덕분에 나는 내 시간 관리를 망치는 감정적 요인을 잘 파악할 수 있었다. 그리고 그 감정을 가져오는 내 행동과 상황들을 가능한 통제하거나 피해가려 노력한다.

감정은 당신이 생각하는 것보다 훨씬 강력하다. 우리는 AI가 아닌, 다양한 외부 자극·내부 자극에 영향을 받는 유기체적인 존재이다. 감정을 적고, 정기적으로 모아보자. 그 안에 지금까지 아무리 해도 되지 않았던 시간 관리의 열쇠가 숨어 있을 것이다.

5

점검 후 더 나은 계획을 위해
시도해볼 수 있는 4가지 솔루션

해결책 1: 블럭 순서 바꿔보기

라면을 끓일 때 물이 끓기 전에 스프를 넣는가, 아니면 물이 끓고 난 후 넣는가? 요리할 때 재료를 넣는 순서는 요리의 맛을 좌우하는 중요한 요소로 여겨진다. 시간 또한 마찬가지인데, 같은 일을 하더라도 '언제 하느냐?'는 그 일의 효율성에 많은 영향을 미치기도 한다.

다음은 한 타임블럭크루의 이야기다. 그는 아이가 둘 있는 가정의 아빠이자 야근과 회식이 잦은 부서에 근무하는 직장인이다. 그의 일주일 42블럭 계획을 보면 '열정'이라고 읽힐 만큼 에너지가 넘쳐흘렀다. 평일 1블럭에는 운동과 영어 공부, 2~4블럭은 회사, 5블럭은 야근 또는 육아, 6블럭은 독서가 자리 잡고 있었다.

내가 그에게 당부한 한 가지는 첫 달은 계획을 지켰는지, 지키지 못했는지에 대해 크게 연연하지 말고, 어떤 패턴으로 하루 6블럭이 흘러가는지를 살펴보고, 각 블럭에 발생하는 돌발 상황·기분·체력과 같은 전반적인 것을 지켜보는 데 집중해보자라는 것이었다.

그는 아침에 일어나는 것에는 크게 어려움이 없었기 때문에, 회사에서 늦게 퇴근하더라도 1블럭에 계획한 운동과 영어 공부는 잘 지키는 편이었다. 그러나 5·6블럭이 문제였는데, 회사에서 야근이 있거나 회식이 있는 날은 5블럭을 넘어 6블럭이 되도록 집에 들어오지 못하는 날도 많았다. 그리고 일찍 퇴근한 날은 5블럭에 계획한 대로 아이들과 놀아주고, 씻기고, 재웠는데 그리고 나니 자기만의 시간으로 계획했던 6블럭일 때는 책을 보며 꾸벅꾸벅 졸게 되었다.

2주 정도가 지난 후, 그는 본인의 하루 패턴을 인지하고, 저녁 시간은 본인의 의지만으로 지키기 어렵고, 의지로 해결될 수 있는 영역이 아니라는 것을 알게 되었다. 회식에서 혼자 빠져나오는 것도 현실적으로 어려운 것이고, 잠을 이기는 것도 회식에서 도망쳐 나오는 것만큼 어려운 일이니까 말이다.

나는 그의 우선순위를 고려하여 블럭의 순서를 바꾸어볼 것을 권하였다. 그는 평소보다 독서량을 늘리고 싶은 목표가 있었는데, 독서 블럭이 6블럭에 배치되어 있었던 것이다. 그는 1블럭과 6블럭을 변경해보는 것을 선택했다. 새벽에 일어나 1블럭에 운동과 영어 공부를 하던 것을 영어 공부와 독서로 변경하고, 6블럭에 운동을 해보기로 한 것이다. 아침에 일어나는 것에 큰 무리가 없는 생체 리듬을 가지고 있었기 때문에, 1블럭의 독서는 무리 없이 지켜졌다. 독서를 6블럭에 두었을 때보다 훨씬 독서량이 늘어나게 된 것이다. 그리고 6블럭에 아이들을 재우고 나서 책을 읽는 것이 아니라 몸을 움직이는 운동으로 바꾸니 훨씬 계획대로 실천할 수 있는 날이 늘어났다. 그리고 야근이나 회식 때문에 부족해진 운동량은 주말에 보충했다. 단순히 블럭의 순서를 바꾸는 작은 변화만으로 그는 독서량 늘리기 목표를 향해 매일 시간을 쌓아나가고 있다.

이렇듯 일을 배치하는 순서는 생각보다 중요하다. 본인의 하루 패턴을 잘 관찰해보자. 다른 블럭들과의 상관관계, 하루 각 시간대에 따른 나의 에너지 레벨들을 생각해보자. 계획을 세워도 좀처럼 잘 되지 않은 일이 있다면, 적합하지 않은 순서로 배치되어 있을 가능성이 있다. 블럭 순서를 바꿔보자. 간단히 블럭의 위치를 바꾸는 것만으로도 해답을 찾고, 독서량을 늘려나가고 있는 크루처럼 당신도 더 쉽게 목표를 달성하는 길을 발견할 수 있을 것이다.

해결책 2: 블럭에 들어가는 적당한 양 파악하기

계획한 일이 한 블럭 안에서 끝나지 않고 계속 밀린다면 한 가지 점검해보아야 할 것이 있다. 한 블럭 안에 적힌 일의 양이 '해내고 싶은 최대치를 적은 것은 아닌가?' 하는 것이다. 한 블럭에 하고 싶은 일의 최대치를 계획하는 것은 일이 계속 밀리게 되는 지름길이다. 계획은 '해내고 싶은 최대치'가 아닌 '할 수 있는 현실적인 양'을 고려해서 세워야 한다.

이렇게 한 블럭에 많은 양의 일을 계획을 하게 되는 이유는 몇 가지가 있는데, 가장 큰 이유는 그 일에 걸리는 현실적인 시간에 대한 감이 아직 없기 때문이다.

계획한 시간 안에 일이 도저히 끝나지 않는 패턴이 반복된다면, 한 업무에 평균적으로 걸리는 시간을 측정해볼 필요가 있다. 나의 경우, 강의 공지를 정기적으로 올려야 했는데 처음에는 1시간 정도 걸릴 것이라 생각하고, 0.5블럭 정도를 할애했다. 그래서 1블럭 안에 강의 공지와 관련된 업무뿐만 아니라 다른 일들까지 넣어서 계획했다. 그런데 실제 실행해보니 예측한 시간 내에 일이 끝나지 않았고 이후 스케줄까지 밀리는 현상이 계속 반복되었다.

그래서 강의 공지를 올리는 시간을 한번 측정해보았다. 어느 날은 1시간 만에 끝이 나고, 어느 날은 2시간, 또 어느 날은 2시간, 또 어느 날은 2시간 반이 걸렸다. 즉, 나는 강의 공지와 관련된 업무가 1시간 정도면 될 것이라고 생각했는데, 사실은 보통 2시간 정도가 걸리는 일이었던 것이다. 이후부터 나는 그 업무를 할 때 넉넉히 2시간 30분

정도를 한 블럭으로 할애해둔다. 이렇게 하니 이제 무리한 일정으로 다른 일이 밀리는 경우도 없어졌고, 쫓기지 않으면서 그 일에 집중할 수 있게 되었다.

한 블럭 안에 해낼 수 있는 적당한 일의 양을 꾸준히 파악해보자. 특히나 반복적으로 수행하는 일임에도 계속 밀리는 일이 있다면, 특정 업무에 대해서만이라도 반복적으로 시간을 측정해보자. 그렇게 한다면 한 블럭에 해야 할 일을 다 못해서 뒤 블럭에까지 영향을 미치는 날이 줄어들 것이다. 또한 한 블럭 안에 할 수 있는 양을 인지하고 있으니, 업무 마감일 또한 현실적으로 세우게 된다. 마감일이 되어 허덕이거나, 마감일 직전에 '죄송합니다. 시간이 더 필요합니다' 같은 민망한 이야기를 하지 않게 될 것이다.

해결책 3: 몰입이 가장 잘되는 블럭 찾기

아침형인간, 올빼미형인간 중 당신은 어디에 속하는가? 어떤 것이 좋고 나쁜 것이라기보다는 각자의 라이프스타일에 맞는 하루의 리듬이 존재한다고 생각한다. 같은 맥락에서 사람마다 몰입이 잘되는 시간대가 있다. 아침형인간의 경우에는 아무도 깨지 않고 태양마저 올라오지 않는 고요한 새벽이 가장 효율이 높은 시간대이고, 올빼미형인간 같은 경우에는 모두가 잠든 밤의 기운에 창의력이 샘솟는다.

'스트리터파이터' 같은 게임을 보면, 각 캐릭터의 에너지 정도가 막대 모양으로 표현된다. 내 스스로를 캐릭터라고 생각하고 각 블럭마다 가진 에너지를 그려보자. 눈에 보이지 않고, 인지하기도 힘든 나의 에너지 레벨을 시각화하는 훈련을 해보는 것이다.

실제로 이렇게 눈에 보이지 않는 나의 에너지를 시각화해보는 훈련을 하고 나서 훨씬 시간을 효율적으로 쓸 수 있게 되었다. 나는 보통 오전 2블럭에 에너지가 가득 찬 상태이다. 그리고 신기하게도 저녁 5블럭에 제대로 휴식한다면 6블럭에 다시 창의적인 무언가를 할 수 있을 만큼 에너지가 차오른다. 반대로 점심을 먹고 난 3블럭은 졸리기도 하고, 집중이 잘되지 않는다. 생각해보니 회사 생활을 할 때에도 그랬다. 그때 나는 나의 에너지 패턴을 제대로 알지 못하고 업무와 회의 일정을 잡았다. 물론 내 마음대로 조절하지 못하는 일정도 있지만, 내가 조절할 수 있는 일정도 나의 리듬과 맞지 않게 계획했다는 것을 알 수 있었다.

또한 나는 영락없는 올빼미형 리듬을 가지고 있기는 하지만, 아이러니하게도 아침형인간을 늘 동경한다. 그래서 나만의 대안을 찾았는데, 새벽 5시 반 이전 기상은 나에게 무리라는 것을 받아들이는 것과 나만의 아침 1블럭에는 스스로에게 대단한 것을 요구하지 않고 편안한 시간으로 보내도록 허락하는 것이다. 나는 아침 1블럭에 많은 생각을 요하지 않는 일로 시간을 채우고 몸을 깨우는 데 집중한다.

침대에 누워 아주 느리게 스트레칭을 하고, 어렵지 않은 책을 읽고, 책마저 눈에 잘 들어오지 않는 날은 손을 움직이며 필사를 한다.

그렇게 몸이 점점 깨어나 아침 2블럭은 하루 최대 효율을 내는 시간으로 보낸다. 능동적 사고가 필요한 일, 기획하는 일, 결정이 필요한 일을 한다. 하루의 가장 중요한 일을 이때 몰아서 하는 편이다. 1인 기업가로 혼자서 일하다 보니 평일에 약속을 잡게 되는 경우도 많은데, 나의 몰입 블럭이 2블럭임을 알게 되고 나서는 점심 약속은 잘 잡지 않게 된다. 점심 약속 시간에 쫓겨 나의 2블럭에 할 일을 충분히 끝내지 못할 가능성을 차단하고, 충분히 2블럭을 활용하기 위함이다. 성수기에 호텔과 비행기·렌트카 가격이 모두 최대치로 오르듯, 나의 시간을 돈으로 매기자면 이 시간이 가장 비싼 시간인 것이다. 다른 시간에 하면 3시간 넘게 걸릴 일을 그 시간에 하면 한두 시간에 해낼 수 있다. 그것도 높은 퀄리티로 말이다. 나의 가장 값비싼 시간을 가장 중요한 일에 쓸 줄 아는 것은 아주 중요한 능력이다.

점심을 먹고 난 후인 3블럭은 상당히 식곤증이 몰려드는 시간이다. 그리고 아침에 많은 에너지를 썼기 때문에, 3블럭 시간 때는 집중이 잘되지 않는 편이라 이때는 메일을 읽고, 회신하고, 공과금을 내고, 메시지에 답을 하는 등 자잘한 업무를 처리하는 것으로 보낸다. 생각하는 데 큰 에너지가 필요하지 않고, 몸을 움직이면 되는 일로 그 시간을 보낸다.

이것이 나의 리듬이다. 당신은 당신만의 리듬을 찾을 필요가 있다. 각 블럭별로 자신의 집중력과 에너지를 게임의 파워 레벨처럼 시각화해보자. 스스로의 리듬을 파악하고, 그것에 맞는 일을 배치하게 된다면, 중요한 일을 졸리는 시간에 하면서 질질 끄는 바보 같은 삶에서 벗어날 수 있을 것이다. 지금 당장 당신의 가장 비싼 시간대를 파악해보라. 그리고 그 시간을 당신의 몸값을 높여줄 수 있는 일에, 당신의 행복을 최대화할 수 있는 일에 사용하라.

해결책 4: 에너지 패턴 파악하기

수많은 크루들의 시간 관리를 해오며 알게 된 것이 있다. 대부분 월요일부터 수요일까지는 계획을 잘 지키지만 목요일 즈음부터 무너지는 경향이 있다는 것이다. 그리고 한 달의 패턴으로 보면 3주차가 지나갈 무렵부터 무너지는 경향이 진해진다. 피로도가 쌓이니 당연한 것일지도 모르겠다.

'월요병'이라는 말도 결국 에너지 패턴에 대한 단어라고 생각한다. 대부분의 직장인, 학생들이 주말을 지내고 다시 업무로 복귀하려니 몸이 힘들고, 마음이 불편하여, 집중이 잘되지 않는다는 패턴이다.

사람은 로봇이 아닌 유기체이다. 월화수목금에 일하고, 주말에 쉬는 것은 사회적으로 정한 규칙일 뿐, 우리의 몸과 마음은 모두 다른 리듬을 가지고 있고, 지속적으로 변화한다. 따라서 일주일 동안 나의 생활 패턴을 살펴보는 것이 필요하다. 월요일에서 수요일은 힘차게 지내고, 목요일부터는 힘에 부쳐 계획을 제대로 실천하지 못하는 패턴을 발견했다면, 우리는 그것을 '어쩔 수 없잖아'라고 생각해야 할까? 그렇지 않다. 만약 이런 패턴을 보인다면, 요일을 고려하여 계획을 다르게 설정할 필요가 있다.

수현 님은 아침 1블럭 모닝 루틴을 중요하게 생각하는 크루다. 그런데 목요일 즈음이 되면 피로가 쌓여 오히려 아침 기상이 하루 전체의 스케줄에 영향을 준다는 것을 발견하고는, 목요일 아침 1블럭은 '꿀잠 블럭'으로 정했다. 그렇게 그녀는 목요일 아침은 푹 자고 출근하는 것을 선택했고, 덕분에 목요일·금요일을 더욱 활기차게 보낼 수 있게 되었다고 말했다. 주말과 평일은 사회적인 약속일 뿐, 내 몸은 또 다른 리듬으로 움직이고 있지는 않은지 살펴보고 적용한 아주 좋은 예시이다.

그리고 일주일 에너지 흐름을 파악하는 것에 익숙해지면, 한 달의 리듬을 파악해볼 필요가 있다. 특히, 여성의 경우 생리 주기에 따라 체력과 기분에 영향을 받는 사람들이 많다. 나의 경우, 생리 전 증후군이 명확하고 생리통이 심한 편이다. 그럼에도 불구하고 예전에는 이 생리 주기에 대한 내 몸의 변화를 내 계획에 적용시킬 생각을 전혀 하지 못했다. 생리통이 시작되면 계획한 어떤 것도 하지 못하면서 말이다. 지금도 생리가 예상되는 주간에는 스케줄이나 해내야 하는 목표량을 적게 잡는 편이다. 목표를 세워놓고는 '아파서 못 지켰어. 어쩔 수 없잖아'하고 생각하는 것이 아니라, 미리 계획하여 마음 편하게 내 몸과 마음을 돌보는 시간을 마련해두는 것이다. 생리 기간을 피해서 중요한 일을 배분하니 계획한 대로 일을 제대로 마무리할 수 있어 마음도 편하고 업무 효율도 좋아졌다.

스스로를 로봇 취급하지 말자. 우리는 다양한 것에 영향을 받는 유기체적 동물임을 받아들이자. 일주일, 한 달의 흐름 속에 나의 몸과 마음은 어떤 리듬으로 흘러가는지 파악하고, 그것에 맞춰 계획을 세우자. 이것이 나 스스로를 몰아붙이지 않으면서 상당히 효율적으로 목표를 달성할 수 있는 방법이다.

7

블럭식스
시간 관리 시스템으로
삶이 변화한 사람들

블럭식스 시간 관리 시스템이 나 개인에게만 의미 있었다면 이렇게 자신 있게 "우리 함께해봐요"라고 하지 못했을 것이다.

나는 블럭식스 시간 관리 시스템을 1년 6개월이 넘는 기간 동안 다양한 라이프스타일을 가진 200여 명의 타임블럭크루들과 함께했다.

블럭식스 시스템을 자신의 삶에 적용한 지 불과 2~3주 만에 "최근 1년간 이렇게까지 내가 원하는 대로 시간을 사용한 적이 없었어요!"라고 이야기해주는 크루부터 1년 넘게 사용하며 "반복적인 일상을 살며 지루해하던 제가 이제는 하고 싶은 게 정말 많아졌어요! 내일이 기대된다면 진짜 거짓말 같죠?"라고 말하는 크루까지, 나는 그들의 변화를 생생하게 목격할 수 있었다.

내가 별로 한 것은 없다. 시간을 시각화하는 방법을 알려주고, 계획-실천-점검의 사이클을 놓지 않도록 조금 도왔을 뿐이다. 이 책에 소개된 모든 사례와 이번 장에서 소개하는 크루들의 이야기는 모두 그들이 스스로 만들어낸 결과이다. 크루들의 성별, 연령, 직업, MBTI는 모두 다르지만 한 가지 공통점이 있다. 하루를 6블럭으로 나누고, 내가 진짜 하고 싶은 활동이 들어갈 자리를 만드는 것에 집중했다는 것이다. 이들처럼 "쓸데없는 것 줄이고 하고 싶은 것을 하는 것", 이 하나만 기억하고 당신의 삶에 적용한다면 변화의 다음 차례는 바로 당신이다.

업무 중 쓸데없는 시간을 줄이고
야근의 늪에서 벗어나다

#직장인 #남자 #야근러에서 #칼퇴하는 #일잘러 #ENFJ

나는 엔지니어링 회사에 다니는 30대 중반 직장인이다. 매일 야근이 밥 먹듯 자연스러웠고, 오랜만에 칼퇴근 할 때면, 친구들이랑 술먹기 바빴던 여느 평범한 남자였다. 그래도 내 커리어는 쌓이고 있다고 스스로 토닥이면서 하루를 버텨내곤 했다.

부서 막내 사원이었을 당시에는 내 일뿐만 아니라 상사 수발에 사무실 행정 일까지 맡아야 해서, 늘 내가 해야 하는 본격적인 일은 야근 때부터 시작이었다. 나는 막내 생활에서 어서 벗어나기만을 기대하며 하루하루를 보냈다. 몇 년 후 이직을 했고, 분야의 리더 엔지니어로서 팀을 이끌게 됐지만, 예전과 달라진 거라고는 회사를 옮긴 것뿐 여러 회의와 각종 조율 업무로 정작 내 일은 야근 때부터 시작되는 것은 마찬가지였다. 그러던 중 타임블럭크루에서 블럭식스 시간 관리 시스템을 경험하게 되었고, 1년 반 정도가 지난 지금 나의 업무 패턴이 이전과는 달라졌다. 업무 효율성이 상당한 수준으로 올라갔는데, 이에 도움을 준 것은 크게 3가지이다.

첫째, '쓸데없는 것 줄이고 하고 싶은 것 하자!'는 슬로건에 맞게 회사 생활에서 쓸데없는 시간을 찾아보기로 했다. 진짜 할 일을 하는 시간을 확보하기 위해서는, 불필요한 업무 또는 효율적이지 못한 업무를 먼저 제거해야 할 필요가 있다는 것을 알게 되었기 때문이다. 여러 가지 중 가장 효과를 보고 있는 것은 메일 확인 습관이다. 메일을 반복적으로 확인하는 사소한 습관이 나의 업무시간에 큰 영향을 미치고 있다는 것을 알게 되었다. 메일을 확인하는 순간 업무의 우선순위가 흐트러졌던 것이다. 현재 하고 있는 일보다는 새롭게 요청받은 일들을 우선적으로 처리하게 된다는 것이 큰 문제임을 발견하고 '수시로 메일을 확인하는 습관'을 줄였다. 지금은 매일 출근 후 오전 9시, 점심 먹은 후 오후 2시 가능한 하루 딱 두 차례만 메일을 확인해서, 오전 업무 시작 전과 오후 업무 시작 전에 업무의 우선순위를 재설정한다. 그랬더니 수시로 메일을 확인할 때보다 우선순위가 명확해지고 하나의 일에 대한 업무 연속성이 높아져서 업무에 들어가는 시간은 오히려 줄어들고 결과의 퀄리티는 높아지게 되었다.

둘째, 주말에 다음 주 할 일을 계획하고, 매일 밤 내일 할 일을 계획하는 루틴을 가지는 것이다. 이렇게 자주 플래너를 보는 것만으로도 나에게 주어진 시간이 얼마인지, 또 할 일을 다 해내면 여유 시간이 얼마나 생기는지가 가시화되어 멍청하게 시간을 흘려보내는 빈도가 줄어들었다.

셋째, 업무의 순서를 더 효율적으로 조율할 수 있게 되었다. 이전에는 쌓여 있는 일들 속에서 항상 내가 할 수 있는 일은 먼저 하고, 다른 부서에 부탁해야 할 일들은 항상 뒤로 미뤄놨었다. 그 결과 다른 부서에게서 결과물을 늦게 전달받게 됐고, 덕분에 내가 할 일은 더 늦은 시간으로 밀리는 패턴의 반복이었다. 하지만 지금은 다른 부서에 부탁해야 할 일들부터 처리하는 것이 서로에게 좋다는 것을 알게 되었다. 일을 요청받는 사람에게 마감 기한을 더 넉넉하게 줄 수 있게 되었고, 나는 야근하지 않고 그 시간에 내 일을 하면 되기 때문이다. 이렇듯 정해진 시간 안에 어디에 힘을 쓰고, 어디에 힘을 뺄지 조율할 수 있게 되는 것만으로도 '야근러' 생활을 청산할 수 있었다.

매일 야근부터가 일의 시작이던 나였는데, 요즘에는 직장 동료들에게 "너는 어떻게 그렇게 많은 일을 할 수 있냐"는 소리도 듣는다. 이제는 오히려 일이 많아져서 더 바빠지더라도 일을 충분히 잘 끝내고 내 시간을 만들 수 있다는 자신감까지 생겨났다.

진짜 나만의 시간을 찾고 마음 놓고
취미 생활을 즐기게 되다

#직장인 #싱글 #고양이 집사 #자기계발 #보드게임 홀릭 #ESFJ

나는 법률관련업계 회사에 4년째 재직 중인 직장인으로, 타임블럭크루로 블럭식스 시간 관리 시스템을 7개월째 사용하고 있다.

나는 회사를 다니기 전, 7년의 고시 준비 기간 동안 매일 플래너 쓰는 것이 자연스럽고 당연한 사람이었다. 그러나 기존의 시간 관리법을 사용했을 때 겪었던 한 가지 어려운 점은 계획의 기쁨은 잠시일 뿐, 실천과 점검 단계에서 자신에게 실망하게 되는 패턴을 반복한다는 것이었다. 그래서 늘 다른 플래너, 또 다른 시간 관리법을 찾아 헤매는 유목민 생활을 했다.

그러던 중 블럭식스 시간 관리 시스템으로 간단하게 내 하루를 시각화할 수 있게 되면서 단 6개월 만에 인생이 드라마틱하게 바뀌는 것을 느낄 수 있었다. 무엇보다 자기계발을 하는 시간을 확보하면서 내가 좋아하는 취미 생활을 편안한 마음으로 병행할 수 있게 된 것이 가장 큰 수확이다.

아침 1블럭을 통한 자기계발의 시간

블럭식스의 1블럭은 보통 새벽 6시부터 9시까지 시간으로, 출근 전 시간에 해당된다. 예전에는 이 1블럭을 사용해야겠다는 인식조차 하지 못했다. 블럭식스를 접하게 된 후 1블럭에 하고 싶은 일들을 넣어야겠다고 마음먹게 됐는데, 1블럭이라고 해도 처음에는 많은 시간을 계획한 것이 아니라 단 10분이라도 출근 전에 내 시간을 가지겠다고 결심한 것이다. 그 1블럭은 독서, 아침 운동, 명상하기 등으로 채워졌다. 처음에는 실패하는 날이 더 많았지만, 꾸준히 계획하고, 실행하고, 점검하며 1블럭을 동그라미로 만들기 위해 노력해갔다. 이제 나에게 1블럭은 하루 중 가장 중요한 '나만의 시간'이 되었다. 이전에는 자기계발과 취미 생활로 할애한 1블럭이 10분 남짓이었다면, 지금은 새벽 4~9시까지로 늘어나 이 시간을 매우 충실한 나만의 성장 시간으로 사용하고 있다. 출근하기 전에 활용할 시간이 있다는 것을 알지도 못했던 나에게 생긴 엄청난 변화다.

편안한 마음으로 즐기는 취미 생활

나는 '솔이'와 '충남'이라는 이름을 가진 예쁜 고양이 두 마리를 키우고 있는데, 블럭식스를 접한 후 '고양이 집사'로서의 삶에도 변화가 생겼다. 그동안 평일에는 많은 야근으로, 주말에는 외부 약속 때문에 고양이들과 많은 시간을 보내지 못하고 돌볼 여유가 없었다. 그리고 취미 생활로 보드게임 하는 것을 좋아했는데, 해야 하는 일들로 취미 생활도 제대로 즐기지 못했다.

그런데 블럭식스를 사용하면서 '해야 할 일을 하는 시간'과 '여가 시간'을 분리해서 생각할 수 있게 되었다. 늘 남는 시간에 할 수밖에 없다고 생각한 여가시간을 블럭으로 분리해서 배치한 것이다. '수요일 5블럭일 때는 고양이 블럭', '토요일 3·4·5블럭은 보드게임' 이런 식으로 배치해놓으니, 이제 확보된 블럭으로 충분히 고양이들에게도 집중할 수 있고, 좋아하는 보드게임도 마음 놓고 실컷 즐길 수 있게 되었다. 소소한 변화일 수 있으나 나에게는 결코 소소하지 않은, 확실한 행복을 얻을 수 있었던 변화다.

연년생 아들 둘 엄마,
블럭식스로 자신감을 되찾다

#연년생 아들 둘 맘 #전업주부 #사람 넷 고양이 넷 #바디프로필 #ENFP

나에게 뗄 수 없는 키워드를 딱 2개 고르라고 한다면 '육아 육묘', '연년생 형제 맘'이다. 이 두 단어로 나를 소개할 수 있다.

나는 두 아이를 키우면서 동시에 고양이들도 키우고 있다. 우아하게 한 마리를 기르는 것이 아니라 무려 네 마리이고, 그중 세 마리가 지병이 있는 고양이라 수시로 토한 것, 똥오줌, 털 치우는 일이 보통이 아니다. 그런데 육묘는 먼지처럼 느껴질 정도로 육아는 더욱 힘겹다. 14개월 차이 나는 형제들은 잘 놀다가도 툭하면 싸우고 울며불며 칭얼댄다. 게다가 부업으로 프로 리뷰어를 자처해 여러 물품들을 협찬받아 인스타에 리뷰하는 일도 하고 있다.

이렇게 장황하게 나를 설명한 이유는 한마디로 늘 할 일이 많고 바쁘다는 것이다. 하지만 하나를 끝내기도 전에 새로운 것을 계획하는

'일 벌려 놓기 선수'여서 결국 계획한 것을 다 해내지 못하는 일들이 잦았고, 그러한 하루하루가 쌓이면서 안 그래도 자존감 높기 힘든 주부생활이 우울해져만 갔다.

그런 와중에 알게 된 룩말의 블럭식스 시스템은 신세계였다. 어쩔 수 없이 할애할 수밖에 없는 시간(살림과 육아)을 단순하게 루틴화시켜 놓으니 뚜렷하게 보이기 시작했다. 뭐가? 진짜 아무것도 구애받지 않고 집중해서 쓸 수 있는 내 시간들이 말이다. 그리고 그 시간을 이용해 원하는 목표를 세우고 실천할 수 있게 되었다. 그 한 예로, 바디프로필 찍은 이야기를 하려고 한다.

바디프로필을 찍기로 마음먹은 4월 14일에 체중은 59.6kg, 체지방률은 27.9%였다. 촬영일까지 약 3개월 남은 시점이었다. 그냥 체중을 줄이는 것과 바디프로필을 준비하는 것은 차이가 있는데, 내 기준에서 바디프로필을 찍을 만한 몸은 근육이 자리 잡혀 탄탄한 몸이라는 생각이 들었다. 즉, 근육을 만들려면 절대적으로 운동에 필요한 시간을 확보해야 했다. 블럭식스와 함께하면서 가장 중요하게 체화시킨 점이 있다면 목표에 가장 많은 가용 블럭을 할애하는 것이다. 맨 처음 한 일은 나의 생활을 단순화시키는 것부터였다. 일단 아이와 함께 있는 시간과 혼자 있는 시간으로 나눴다. 아이들과 함께 있으면 자투리 시간에 윗몸 일으키기를 하거나 실내 자전거를 타는 것도 쉽지 않았다. 연년생 형제가 함께 있을 때는 운동하기 어렵다는 결론을 내리고, 난생처음 PT 숍을 찾아갔다.

아이는 8시 50분쯤 등교해 12시에 하교하니 약 3시간이 오롯이 혼자 있는 시간이었다. 그것도 오며가며 이동 시간을 제하면 3시간이 채 안 되지만, 이 덩어리 시간을 최대한 운동에 쏟기로 다짐했다. 10시부터 1시간 트레이너 선생님과 함께 운동하고, 유산소 운동을 하고 나면 씻을 새도 없이 땀범벅으로 아이들을 데리러 갔다. 내 생애 이렇게 열심히 집중적으로 운동을 한 적이 있을까 싶을 정도로 했다. 그렇게 3달 후, 안 올 것 같던 그날이 왔다. 인바디 기록으로는 당일 아침에 몸무게 52.2kg, 체지방률 15%대로 바디프로필을 찍을 수 있었다. 놀랍게도 체지방량은 8kg대였다. 오랜 세월 속옷 아래로 등살이 두둑하게 접혔었는데, 지금은 그것과 바꾼 등 근육이 멋지게 자리 잡았다.

그리고 예전에는 주말을 보내고 나면 월요일에 너무 지쳐 방전이 됐었는데, 지금은 평일에 연년생 형제들과 놀이터에서 한 시간 넘게 뛰어 놀아도 괜찮을 정도로 체력이 좋아졌다. 이렇게 변화된 몸은 자신에 대한 믿음을 키우기에 좋은 도구였다. 원하는 몸도 만들었는데, 뭐든 못하겠냐는 자신감을 얻었다.

그리고 무엇보다 목표를 이루기 위해서 어떤 식으로 매진해야 하는지를 타임블럭 시스템을 통해 깨달았다. 사실 아무리 자기 효능감을 가지려고 노력해도 육아나 살림을 하다 보면 끝없이 에너지가 고갈되기 마련이다. 열심히 살아도 그걸 인정받지 못하는 것 같고 사회에서 필요 없는 사람이 된 것만 같다. 그걸 극복하기 위해 살림 육아가 아닌 여러 프로젝트를 통해 자기 실험을 했었고 성취감을 맛보는 것에 중독되어갔다. 그러다가 중도 포기하거나 실패하면 오히려 더 큰 자기 비하로 돌아왔는데, 이제는 뭐든 성공으로 만들 수 있을 것 같은 자신감이 든다. 내가 가진 시간을 분류하고 단순화시켜 가용 블록을 목표에 맞춰 몰입하는 시스템을 적용한다면, 결국은 이룰 수밖에 없다는 걸 알게 됐기 때문이다.

무얼 해도 스스로 마음에 들지 않던
내가 변한 까닭

#워킹맘 #출산 후 무기력증 #자존감 찾기 #ISFP

출산 후 지난 3년의 변화보다 더 많은 변화가 일어나고 있는 최근 5개월! 블럭식스 시간 관리 시스템을 내 삶에 들이면서 출산 후 오랫동안 겪고 있던 무기력함이 내 안에서 조금씩 빠져나가고, 그 안에 삶의 활력, 무언가 하고 싶은 마음이 차오르고 있다. 내가 겪은 변화를 시간 순으로 이야기하고자 한다.

블럭식스 시작 전

출산 후 집이 더 이상 쉬는 공간이 아니다 보니 회사에서도, 집에서도 내 시간 자체가 없다는 생각이 가득했다. 낮에는 회사에서 일하고, 밤에는 육아하는 일상이 계속됐는데 이렇게 반복되는 삶이 안정감을 주기보다는 우울감, 지겨움, 무기력함을 나에게 가져다주었다.

블럭식스 시작 후, 1개월 차

하루를 6블럭으로 생각하며 매일 단위, 1주일 단위로 계획-실천-평가하는 사이클을 시작했다. 1개월 차는 블럭식스의 개념에 대해 익숙해지는 기간이었고, 지금 현재 내 상황을 좀 더 명확하게 파악하는 기간이었다. 나만의 시간이 없는 것을 직시하고, 나만의 블럭을 어떻게 해서든 만들어내기로 마음먹었다. 남편과 상의하여 주 2회 운동을 시작하는 것으로 내 시간을 확보할 수 있었고, 주 2회 운동을 가는 시간이 무척 행복했다. 신기하게도 운동을 해서인지 숙면하는 날이 늘고, 깨어 있는 시간에 집중력이 향상되었고, 전반적으로 하루에 활력이 생기기 시작했다. 그리고 뭔가 해보고 싶다는 마음이 다시 찾아왔다. 마치 대학생 때처럼 말이다.

2~3개월 차

블럭식스의 개념에 더 익숙해지면서, 계획과 점검을 반복하며 할 일들을 잊지 않고 실행할 수 있게 되었다. 이전에 투두(to-do) 리스트만 적을 때보다 훨씬 더 실행력이 강해진 것을 느꼈다. 점점 하고 싶어지는 게 많아지니 출근 전 아침 시간을 확보해보기 시작했다. 평소 책을 잘 읽지 못했는데 이 시간을 활용해 독서를 10분 이상 하거나, 경제신문을 보려고 노력하기 시작했다. 나중에 경제에 더 깊은 관심이 생겨 재테크 강의를 신청하게 되었다. 업무적으로 관련이 있는 파이썬을 배우기 시작했고, 블로그에 공개적으로 내 글을 써 나가기 시작했다. 이렇게 하고 싶은 것이 많아지니 삶에 의욕이 생겼고, 계획한 일들에 집중하다 보니 잡념과 스트레스가 어느새 줄어들었다. 내 시간을 확보할 수 있게 되니, '육아 블럭'에 임할 때는 아이에게 집중하려 노력하게 되었다.

4~5개월 차

이 정도 시간이 지나니 블럭식스로 계획하는 것이 습관화되면서, 플래너를 자주 들여다보고 수정도 적극적으로 하게 되었다. 그리고 하고 싶은 것이 많이 생겨 할 일이 많아졌는데 그것들 사이에서도 우선순위를 정할 수 있게 되었다. 아침 기상 시간이 1개월 차 때보다 1시간 이상 빨라져서, 출근 전에 충분한 나의 시간을 확보할 수 있게 되었다. 그리고 계획한 것 중에 못하는 것이 있어도 예전만큼 스스로를 자책하지 않게 되어 행복도는 더욱 높아졌다. 매일 성공하지는 못하지만, 하루 6블럭 전체에 온전히 몰입한 날에는 '이것이 시간을 주도하는 것이구나!'를 체감할 수 있었다. 이렇게 블럭식스 시간 관리 시스템을 꾸준히 사용하면서 점점 발전해가는 나를 발견하는 것이 가장 즐겁다. 요즘은 정말 내가 살아있다고 느낀다. 그리고 뭘 해도 내가 맘에 들고, 나 스스로가 좋아졌다.

매일 버티는 삶에서,
인생을 주도하는 삶으로

#워킹맘 #인생의 황금 밸런스 #엄마만의 시간 찾기 #ENFP

나는 어린 남매 둘을 키우며 직장 생활을 하고 있는 워킹맘이다. 블럭식스를 알기 전에는 하루 종일 회사 업무를 하고, 때때로 야근을 하고 퇴근 후에는 어린 남매와 홈스쿨링을 하던 바쁜 엄마였다. 아이들을 매우 좋아해서 아이들과 함께하는 시간들이 참 좋고, 행복했다. 그러나 나에게 주어진 시간이 전혀 없이 회사와 육아만 반복되는 시간이 5~6년 지속되자 언젠가는 그 에너지가 고갈되어버릴 수도 있다는 위기의식이 들었다. 행복했지만, 유통기한이 명시된 그런 행복처럼 느껴졌다.

아이들과 우리 가정의 온전한 행복을 유지하기 위해서는, 필사적으로 내 시간을 찾아야 했다. 엄마가 행복해야 우리 아이들이, 우리 가정도 행복할 수 있다는 생각에서였다. 하지만 물리적인 시간 자체가 절대적으로 부족했기에 온전한 내 시간을 가진다는 것이 사치라고 여겨졌다. 그러나 운이 좋게도 블럭식스를 함께 쓰는 타임블럭크루를 만났고, 여러 시행착오를 거듭한 결과 결국 내 인생의 황금 밸런스를 찾을 수 있었다.

나는 새벽 기상을 통해 새벽의 3시간 동안을 오롯이 나를 위한 블럭으로 고정해두고 새벽에는 나를 위한 삶, 낮에는 직장인으로서의 삶, 퇴근 후에는 한 가정의 엄마와 아내로서의 삶을 살고 있다. 그리고 3등분으로 나눈 그 시간 속에 최대한 스스로 몰입하려 노력한다.

새벽 기상을 하려면 일찍 자는 것이 가장 중요하다. 아이들과 함께 일찍 잠자리에 들어야 하기에 육아 시간이 조금 줄어드는데, '적극적 육아'라는 개념을 배우면서 시간의 양은 줄어들어도 이전보다 아이들과 훨씬 양질의 시간을 보낼 수 있었다. 아이들과 절대적인 시간만 함께하는 '소극적 육아'가 아니라, 아이와 보다 적극적으로 눈 마주치며 어렸을 때부터 좋은 습관을 가질 수 있도록 노력하고 있다.

또, 내 시간을 시각화하여 블럭으로 살펴보자 내가 추구하는 가치와 실제로 보내는 시간에 상당한 차이가 있다는 것을 알게 되었다. 항상 '가정'을 최고의 가치로 두고 있었지만 남편과 보내는 시간이 거의 전무하다는 충격적인 사실을 깨닫게 되었고, 의식적으로 배우자와의 시간을 조금이라도 할당해놓으면서 보다 만족스러운 부부관계를 만들어갈 수 있었다.

또한, 우리 부부는 스스로 통제 가능한 시간 블럭이 얼마나 적은지 깨달았고, 보다 자유로운 시간을 더욱 확보하고 '경제적 자유'를 얻기 위해 함께 노력하고 있다. 우선순위를 따르는 하루를 보내기 위해 때로는 '거절하는 용기'를 내야 한다는 사실도 배우면서 인생의 주도권을 온전히 스스로 가지고자 애쓰게 되었다.

이렇게 노력해서 얻은 귀한 3시간을 통해 나는 스스로를 매일 만나고 있다. 책도 읽고, 글도 쓰고, 운동도 하며 내 영혼에 영양분을 충분히 공급해주는 시간을 가지고 있다. 이제는 이러한 시간이 쌓이고 쌓여 강의와 글을 통해 조금씩 내 목소리를 낼 수 있는 사람이 되고 있다. 앞으로는 나와 같은 바쁜 워킹맘·워킹대디가 함께 성장하고 아이를 키워나갈 수 있는 멋진 커뮤니티를 운영해나가고 싶다는 꿈을 키우고 있다.

늘 현실과 상황만 탓하며 매일매일 '버티는 삶'을 살 수밖에 없던 내가 블럭식스를 만난 후 막연했던 꿈들을 하나씩 이루고 있다. 하루를 6블럭으로 나눠 계획하고, 행동하고, 점검해서 다시 개선해나가는, 이 사이클을 숱하게 반복하며 꿈꾸는 삶과 현실의 격차를 조금씩 줄여나간 덕분이다. 블럭식스로 나는 내 시간의 진정한 주인이 되었다. 나와 같이 자신에게 잠시의 시간도 선물해주지 못했던 많은 '워킹맘', '워킹대디'들이 블럭식스의 놀라운 기적을 함께 맛보았으면 좋겠다.

6
초등 딸과 함께
시간 관리 혁명을 시작하다

#온라인 학습 #엄마! 숙제 다 했어 #딸과 엄마가 함께 #시간의 주인이 되다

"숙제했어?"

회사에서 한 바탕 전쟁을 마치고 퇴근하면, 집에 들어오자마자 다시 한 번 전쟁이 시작된다.

초등학교 5학년 딸을 둔 워킹맘이다. 숙제를 했느냐고 물어보는 말과 동시에 집 안 분위기가 싸해진다. 나뿐만 아니라, 아이도 스트레스일 테다. 언제쯤 아이가 숙제와 학습지를 밀리지 않고 할 수 있을지 걱정이었다.

내가 블럭식스 플래너를 쓴 지 3개월 정도 되었을 때의 일이다.

매일 자기 전 식탁에 앉아서 플래너를 적고 있으니 큰 딸아이가 관심을 보였다. 그래서 여분의 플래너를 하나 주면서, 하루 6블럭에 대한 개념을 설명해주었다. 딸아이는 금세 이해를 하고 자기만의 하루를 적어나갔다. 그렇게 우리는 함께 블럭식스 플래너를 사용하기 시작했다. 딸이 본인의 플래너 내용을 보여주지도 않을 뿐더러, 내가 따로 점검한 것도 아니었다. 그렇게 시간이 지나고 정말 놀라운 변화가 생겼다.

"숙제했어?"라는 질문 하나에 싸한 분위기가 되기 일쑤였는데, 이젠 그 질문이 딸아이도, 나도 두렵지 않게 되었다. 그리고 얼마 후 학습지 선생님으로부터 "요즘 공부가 재미있나봐요. 밀리지도 않고 정말 잘해요!"라는 전화를 받게 되었다.

블럭식스 플래너를 접하며 초등학교 5학년 아이에게 시간에 대한 개념이 생긴 것이다. 복잡한 시간 단위, 분 단위가 아니라 굵직하게 덩어리로 나눈 시간 개념이니 훨씬 더 쉽게 와 닿는 것 같았다. 딸아이는 이제 스스로 숙제할 시간, 텔레비전 볼 시간, 친구들과 노는 시간 등으로 자신의 생활을 계획할 수 있게 되었다. 무엇보다 누가 시켜서 하는 것이 아닌, 자신의 시간을 스스로 계획하고 실행해볼 수 있다는 점에서 아이의 자존감을 키우는 데도 많은 영향을 끼쳤다고 생각한다.

그리고 정말 놀랍게도 딸이 이렇게 말하는 것을 들을 수 있었다. "엄마! 플래너를 안 쓰니까 하루가 망한 것 같아! 역시 플래너를 써야하나봐!"하고 말이다. 시간을 스스로 계획하고, 계획대로 성공하는 경험을 나뿐만 아니라 초등학생 아이에게까지 심어준 블럭식스 플래너 덕분에 우리 집은 한결 평화로워졌다.

7

3교대 근무로 바쁘기만 하던 내가
N잡러를 꿈꾸게 된 배경

#3교대 근무 #쌍둥이엄마 #하마터면 시간 흘러가는 대로 살 뻔했어 #ESTJ

나는 교대근무를 하며 5세 쌍둥이를 키우는 워킹맘이다. 13년 차 직장인으로 직장 안에서 즐거움을 찾기가 어려웠고, 밤낮이 바뀌는 교대근무를 하면서 병행하는 육아는 고되고 힘들었다. 그러던 중 우연히 블럭식스 시간 관리 시스템과 이것을 함께하는 타임블럭크루를 알게 되었다. 나는 감히 이렇게 말할 수 있다.

"다양하고, 건설적이고, 늘 공부하려고 하는 이 위대한 집단에 발을 들임으로써, 바야흐로 내 인생에 새로운 세계가 열렸다!"

교대근무를 하다 보면 시간 관리하는 것이 정말 힘들었다. 아니, 시간 관리를 아예 하지 못했다. 쉬는 날에는 쉬며 육아를 했고, 일하는 날에는 일하면서 육아를 했다. 자기계발은 생각지도 못했다. 블럭식스 시간 관리 시스템을 통해 가장 크게 도움을 받은 것은 복잡했던 내 시간이 어떤 패턴으로 흘러가는지 눈에 보이기 시작한 점이다.

나는 내 시간을 크게 육아, 일, 자유, 잠 이렇게 4가지로 분류했다. 다른 분들은 대부분 '잠'이라는 블럭을 따로 만들지 않는데, 나는 수시로 밤낮이 바뀌는 생활을 하다 보니 잠 블럭을 마련하는 것이 꼭 필요했다. 교대근무를 하는 분들이야말로, 블럭식스를 통해 자신의 시간을 현실적으로 파악할 수 있어 많은 도움을 받을 거라 생각한다.

5세 쌍둥이들은 아직 엄마를 많이 찾을 때인데, 하루를 블럭으로 나누고 난 뒤부터 나는 육아 블럭일 때 더욱 육아에 몰입할 수 있었다. 또한, 나에게 행복을 주는 자유 블럭이 눈이 보이기 시작하면서 그 시간이 매우 소중하게 느껴졌다. 최선을 다해 그 시간을 활용하려고 노력하게 되었다. 놀랍게도 내 인생에서 이렇게 꾸준히 운동을 한 적이 있었는가 싶을 정도로 '홈 트레이닝'에 빠졌는데, 벌써 150일이 넘어간다. 내가 운동을 꾸준히 할 수 있는 이유는 바로 '자유' 시간이 눈에 정확히 보였기 때문이다. 자유 블럭에 운동을 계획해두었지만 운동을 하기 싫은 날도 당연히 있다. 그러나 다른 날에는 운동에 할애할 블럭이 없다는 것을 이미 알고 있기 때문에, 운동하기 귀찮은 마음을 달래며 이 시간이 주어진 것에 감사하며 즐겁게 운동을 하게 되었다.

삶을 바꾸고 싶으면 만나는 사람을 바꾸라고 했던가. 좋은 에너지를 가진 타임블럭크루들이 각자의 자리에서 하루하루를 열심히, 긍정적으로 살아가는 모습을 보면서 그 영향을 많이 받았다. 블럭식스 시간 관리 시스템과 타임블럭크루 활동으로 내 삶에 건강한 습관이 자리 잡았고, 나는 어느새 꾸준함의 아이콘이 되었다. "쓸데없는 것 줄이고, 하고 싶은 것 하자!"의 슬로건대로 살아갈 수 있어 행복하다.

'쓸·줄·하·하'를 내 삶에 녹인 지 1년이 조금 넘어간다. 10년 넘도록 직장 생활 외에 다른 것은 생각해본 적이 없는데, 이제는 내가 하고 싶은 것들을 병행하는 'N잡러'를 꿈꾸게 되었다. 시간 관리를 하며 나를 더 사랑하게 되었고, 진짜 내 목소리를 들을 기회가 더 많아졌기에 가능한 일이다. 이 좋은 것을 혼자 할 수 없어 남편에게 전파하기도 했다. 앞으로도 블럭식스 시스템과 함께 내 삶을 알차게 꾸려나갈 생각이다. 만약 이걸 몰랐다면, 나는 그저 과거의 나처럼, 시간이 흘러가는 대로 살 뻔했다.

8
프로 재택 근무러에게
생긴 변화

#아이 셋 #프로 재택 근무러 #INFP

아이 셋을 키우며 집에서 공부방을 운영하고 있다. 일터가 집이고, 집이 일터이기에 일과 육아, 업무와 집안일이 뒤죽박죽 뒤섞여 심리적으로 많이 지쳐 있던 상태였다. 공부방 아이들은 계속 늘어나 업무량이 많아지고 있었고, 일이 끝나면 늦둥이 아이를 돌봐야 했다.

그 와중에 글을 쓰고 싶다는 마음이 간절해서 밤늦게까지 잠을 줄여가며 글을 쓰다 잠들었고, 다음 날 아침 찌뿌둥한 기분으로 일어나기 일쑤였다. 게다가 가족, 공부방 업무, 육아 중 불쑥불쑥 발생하는 변수로 계획이 바뀌는 경우가 허다했다. 그럴 때마다 계획된 대로 하지 못했다는 실망감과 불안감이 계속 마음속에 차곡차곡 쌓이고 있었다.

블럭식스 시스템을 처음 접하고 가장 신선하게 다가왔던 것은 하루를 크게 6블럭으로 나눈다는 것이다. 우선 나의 하루를 6블럭으로 나누고, 나를 위한 시간을 찾아보기로 했다. 먼저 오전의 2블럭과 오후 3·4블럭은 일하는 시간으로 설정했다. 그리고 저녁 5블럭은 가족을 위해 힘써야 할 시간이었다. 그렇게 꼭 해야 하는 일들을 빼고 나니, 오롯이 사용할 수 있는 내 시간은 새벽 1블럭과 저녁 1블럭이었다. 이 시간이 나를 위해 쓸 수 있는 시간이라고 생각하니 새벽에 일어나는 것도 그리 힘들지 않았다.

물론 처음부터 새벽 기상이 쉬웠던 것은 아니다. 블럭식스를 만나기 전에는 항상 업무와 하고 싶은 일을 다 끝내지 못했다는 찜찜함 때문에 아이를 재우고 다시 일어나 새벽까지 무언가를 붙잡고 있었다. 그런데 블럭식스로 나의 시간과 해야 할 일을 설정해놓으니 아주 작은 일이라도 실행했으면 만족하며 잠자리에 들 수 있었다. 블럭식스가 '시간'이 아닌 내가 지켜내고 싶은 '가치'를 기준으로 되어 있기에 가능한 것이라 생각한다. 이런 시간이 켜켜이 쌓여 나에게 많은 변화가 찾아왔다.

가장 큰 변화는 무엇보다 나를 인정하고 사랑하게 된 점이다. 사실 내가 했던 일들이 거창한 것은 아니었다. 새벽에 일어나 따뜻한 물 한 잔 마시기, 스트레칭 15분, 책 읽기 20분 등 아주 소소한 일들이었지만, 이렇게 작은 일들을 해내면서 소소한 성취감이 내 안에 차곡차곡 쌓이자 나에 대한 만족도가 올라갔다.

다음은 업무에 쫓기지 않고 컨트롤하는 힘이 생겼다는 것이다. 예전에는 아침부터 밤까지 시간에 쫓기듯 일하면서도 뭔가 석연치 않아 계속 확인하는 버릇이 있었다. 그런데 블럭으로 업무에 집중하는 시간을 확보해놓고, 그 시간에는 다른 일보다 그 블럭에 해야 할 일에만 신경을 쓰자 해야 할 일을 미루지 않고 바로바로 해결할 수 있었다. 할 일을 제 시간에 하게 되니, 공부방 업무를 더욱 의욕적으로 운영할 힘이 생겼고, 공부방 학생들의 만족도가 올라가 저절로 입소문이 나서 별다른 홍보 없이 학생도 많이 늘었다. 학생은 늘었지만 나는 더욱 체계적으로 운영하며 아이들과 함께 책을 읽고 생각을 키워나가는 중이다.

시간을 하루 6블럭으로 시각화하고, 매일, 매주 그것을 점검하는 블럭식스 시스템으로 수업 블럭, 운동 블럭, 수업 준비 블럭, 가사 블럭을 정리해서 생활한 지 반년이 넘었다. 물론 여전히 일은 많지만, 정신적으로 안정되고 있음을 느끼며 지내고 있다.

시간을 제대로 쓰지 못하는
프리랜서라면 더욱더

#프리랜서 #밤샘 작업 #삶의 밸런스 찾기 #자유롭지만, 자유롭지 않은 #ENFP

나는 프리랜서 디자이너이자, 유튜브·강의 등을 하고 있는 'N잡러'다. 프리랜서의 장점은 시간이 자유롭다는 것이고, 단점 또한 시간이 자유롭다는 것이다. 즉 조직에 얽매이지 않고, 내가 정한 우선순위에 따라 시간을 조율할 수 있다는 장점이 있는 반면, 그 자율성 덕분에 스스로 통제하기 힘들어진다는 단점이 있다. 때로 해야 할 일을 무한정 미루게 되고, 심지어는 동시다발적으로 일을 진행하여 여러 프로젝트가 꼬이기도 한다.

블럭식스 시간 관리 시스템을 만나게 되었을 때, 나는 외주 디자인 작업으로 일에 할애하는 시간이 상당히 많았다. 클라이언트의 수정 사항과 그들이 제시한 마감 기한에 따라 잠을 줄여가며 일해야 했고, 삶의 밸런스는커녕 일 외에는 무엇도 생각할 수 없는 상황이었다. 이렇게 바쁜 시즌이 끝나면, 한없이 시간이 많이 생겨서 우울해질 만큼 텐션이 떨어지기도 했다.

블럭식스 시간 관리 시스템을 통해 한 달 단위, 일주일 단위로 일 뿐만 아니라 내 삶의 전반적인 부분에 대해 대략적으로 계획해볼 수 있었다. 그리고 세부적으로는 매일 하루를 6블럭으로 나누어 해야 할 것을 정하고 그 블럭 안의 구분된 통제 속에 나를 넣었다. 하루 종일 일하는 것은 동일해도 각 블럭에 해야 할 것의 순위가 명확해지니, 할 것들을 하고서 해낸 일을 지워나가는 것이 좋았다.

물론 프로젝트 디자인 작업을 맡으면 클라이언트의 요구에 따라 내 시간을 맞추어야 하기 때문에, 새벽이나 아침까지 일을 해야 하는 것은 어쩔 수 없지만 그렇게 바쁜 하루라도 하루 6블럭 중 반드시 챙겨야 할 가치와 하지 말아야 할 것을 써두니 나를 돌보면서 스케줄을 소화할 수 있게 되었다. 예를 들면, 밤샘을 하면서 요청받은 일을 해야 할 만큼 일이 많았음에도 3블럭에 '요가'라고 써두면 30분 정도는 유튜브를 틀고 요가 매트 위로 올라갈 수 있게 되었다. 아무리 바쁘더라도 이끌리듯 생활하는 하루와, 아주 잠시라도 내 계획대로 행할 수 있는 시간을 가지는 것은 스스로 내가 느끼는 시간 통제력에 큰 차이가 있었다.

또한 하루를 마감하며 매일 블럭식스 플래너를 들여다보았는데, 이것으로 내가 계획한 일에 대한 점검뿐만 아니라 내 감정을 들여다볼 수 있었던 것도 많은 도움이 되었다.

하루하루 열심히는 하는데 성과가 나지 않아 답답했던 시기가 있었다. 프리랜서는 스스로 길을 개척해나가야 하는데 노력한 만큼의 반응이 오지 않고, 이것이 기약 없다는 사실이 나를 힘들게 만들었다. 블럭식스 플래너의 Good & Bad & Next 칸을 통해 매일 나에게 칭찬을 해주고, 나를 위로하며, 내일을 다짐하는 작은 시간이 무너지지 않도록 나에게 힘을 주었다.

그 시간을 버티다 보니 생각지도 못한 곳에서 강의 의뢰가 들어오기 시작했다. 요즘 나는 전국을 돌아다니며 강의를 하고 있으며, 교직원을 대상으로 하는 온라인 강의도 진행하고 있다. 힘든 시기에 무너지지 않고, 나의 내일을 지켜낸 덕분에 내 커리어의 다음 단계로 진입할 수 있게 되었다.

혹, 자유가 좋지만 그 자유로 힘들어하는 프리랜서라면, 하루를 6블럭으로 나누고 그중에서 해야 할 것, 아무리 바빠도 지켜내야 할 가치, 그리고 하지 말아야 할 것들을 쉽게 구분할 수 있기를 바란다. 그 과정이 아무리 바쁘고 힘든 가운데서도 나를 지킬 수 있는 힘이 될 테니까 말이다.

공부도, 하고 싶은 것도 놓치지 않게 된 대학생의 하루

#대학생 #공부 습관 # #ESTJ

나는 제한된 시간이 주어지면 오히려 마음이 급해져 쉽게 집중하지 못하고 스트레스를 받는 성격이다. 공부를 할 때에도 최소 3시간의 시간이 있어야만 집중을 할 수 있었다. 그러다 보니, 타이머를 이용해 정해진 시간 안에 집중하는 '뽀모도로 학습법'이나 시간별로 일정을 정해놓는 방법은 나에게 맞지 않았다. 그러다 블럭식스 시스템을 접하고 드디어 시간에 구애받지 않고 해야 할 일을 해내는 방법을 찾을 수 있었다.

나는 영국에서 회계 및 재무학을 전공하고 있는 대학생이다. 고등학교 이후 유학 준비 과정을 지내며 공부에만 집중하는 긴 시간을 보내다가, 대학 입학하기 전에 약 9개월이라는 자유 시간을 가지게 되었다. 하지만 그 당시에는 무엇을 해야 할지 몰라 시간을 낭비하며 하루를 보냈다. 그 결과, 대학교에 다니면서도 시간을 효율적으로 이용하지 못하고 말았다. 아침 늦게 일어나 수업을 빠지는 경우도 많았고, 벼락치기는 일상이었으며 외국인 친구를 사귀지도 못했다. 그리고 얼마 지나지 않아 코로나19로 계획에 없이 한국으로 입국해서 온라인으로 수업을 받게 되었다.

마음속으로는 '더 이상 시간을 낭비하고 싶지 않다'라는 생각은 해왔지만, 좀처럼 행동으로 옮겨지지 않았다. 영국 시간에 맞춰서 들어야 하는 수업 때문에 밤낮이 바뀌어서 힘들기도 했고, 한국에 머무르며 영국 대학 생활을 해야 하니 속상하기도 했다. 심지어 무엇을 해야 하는지, 그 우선순위조차 알지 못하는 상황이었다.

처음 블럭식스를 이용하면서 내 삶을 돌아보게 되었을 때, 내 일상이 얼마나 무너져 있었는지를 실감할 수 있었다. 현실을 직면하니 내가 무엇 때문에 변해야 하는지 그 계기가 확실해졌다. 예전에는 오후 12시가 넘어서 일어나곤 했는데, 이제는 방학 중에도 7시 이전에 일어나는 사람이 되었고, 핸드폰을 보며 허송세월을 보내던 내가 이제는 하고 싶은 것이 많은 사람이 되어 확언과 신문 읽기로 하루를 시작하게 되었다. 운동과 공부, 독서도 틈틈이 하며 가계부를 작성하고 오늘을 기록하는 것으로 하루를 마감하는 사람이 되었다.

이러한 변화가 생긴 이유는 블럭식스를 통해서 계획, 실천 그리고 점검의 시간을 가질 수 있었던 것이 가장 크다. 먼저, Weekly page

를 이용하여 차주의 일정을 기록하였고, 비어 있는 시간의 대부분을 공부에 할애하고자 노력하였다. 둘째, Daily page를 이용하여 오늘의 일정을 세분화하고 계획을 실천했다. Daily page의 키워드를 적는 칸은 시간을 더욱더 효율적으로 활용할 수 있게 해주었다.

마지막으로, 지난 일주일의 '나'를 점검해보는 시간은 정말 나에게 소중하게 다가왔다. 누구나 항상 한결같은 삶을 사는 데 한계가 있다. 컨디션이 좋지 않을 수도 있고, 일이 많을 때도 있고, 아무것도 하기 싫은 날도 있다. 또, 새로운 도전을 하는 한 주가 될 수도 있다. 하지만 이를 점검하지 않고 지나간다면, 내가 어떤 모습으로 한 주를 임했는지 알 수 없다. 나는 이 점검을 통해 성찰의 시간을 가졌다. 일주일 동안 공부를 단 한 블럭도 하지 않았다는 것을 발견하면, 왜 그랬을까 되돌아보고 차주에는 적어도 한 블럭이라도 실천하고자 노력했다. 그러다 보니, 공부량이 하루 평균 1단원에서 3단원으로 늘었고, 하루에 평균 4시간 정도 공부하던 내가 10시간을 공부에 투자할 수 있게 되었다. 그리고 남는 시간을 활용하여 신문도 보고, 운동도 하게 되었다. 이제는 독서 습관을 기르고자 노력 중이다.

블럭식스를 접하기 전까지는 공부 외에 다른 무언가를 동시에 할 수 있다는 생각을 해본 적이 없었다. 하지만, 지금은 공부와 동시에 여가 시간과 자기계발 시간도 사수하며 살아가고 있다. 공부에만 집중하던 시기보다 잠을 적게 자는 것도 아닌데 말이다.

시간 관리를 통해 얻은 가장 큰 수확

1

나에 대한
깊은 이해

어른이란 무엇이라 생각하는가? 내가 생각하는 어른은 '스스로에 대해서 더 잘 알기 위해 노력하는 사람'이다. 우리는 어느 순간 스스로에 대한 호기심을 멈추어버린다. 대학 진학 또는 취업을 기점으로 내가 무엇을 좋아하는지, 어떤 사람이 되고 싶어 하는지, 나의 체력은 어느 정도인지, 무엇에 주로 힘들어하는지, 요즘 내 감정은 어떤지 등 나에 대해 알아가려는 노력이 귀찮아지거나 버거워한다.

그러다 어느 순간 '성인 사춘기'를 맞이하며 어느 때보다 심하게, 아프게 흔들린다. 그러나 그 시기에만 바짝 고민한다고 해서 나에 대해 갑자기 더 잘 알게 되는 것도 아니다.

감사하게도, 의도하지 않았지만 시간 관리를 통해 나는 꾸준히 나를 알아가고 있다. 그리고 나에 대한 호기심을 놓지 않고 있다. 블럭식스 시스템을 통해 내 시간이 한정되어 있음을 알고, 그 소중한 시간에 내가 하고 싶은 것들을 선택해서 넣는 연습을 꾸준히 하는 것 자체가 나를 알아가는 훈련이었다. 블럭식스의 남은 칸 안에 내 많은 관심사 중 몇 개를 선택하는 순간, 나는 나에게 많은 질문을 던진다. 어떻게 살고 싶은지에 대해 말이다.

나는 기획하는 것을 좋아하고, 사람들과 의미 있는 대화를 나누는 것을 사랑하는 사람임을 알게 되었다. 또, 예전의 취향과 지금의 취향이 달라진 것을 알게 되었다. 전에는 네트워킹 파티를 즐겼으나 지금은 미련이 없어졌다. 얕은 인간관계를 맺으러 치장하고 가는 시간이 아깝고, 다녀오면 녹초가 되는 것이 싫어졌다. 이처럼 나를 더 잘 알게 되면서 호불호의 간격이 더 벌어졌다. 싫은 건 더 싫고, 좋은 건 더 좋아진 것이다. 나는 내가 그토록 반신욕과 산책을 심각하게 좋아하는 사람인지 미처 몰랐다.

또한 나의 하루와 일주일의 적당한 밸런스에 대해서도 알게 되었다. 그저 외향적인 줄로만 알았던 나는 일주일의 일정량은 조용히 집에 있는 시간이 필요한 사람이었다. 그 시간이 있어야 나를 채울 수 있었고, 그래야 여유롭게 다른 사람을 대할 수 있었다. '집순이'라는 단어는 나에게 전혀 어울리지 않다고 여겼지만, 나에게도 집순이의 순간이 일부 필요하다는 것을 알게 되었다. 어느 정도의 휴식이 나를 채우고, 어느 정도의 바깥 활동이 나에게 활기를 주는지 알게 되었다. 마치 '나 사용설명서'라고나 할까? 설명서를 하나하나 채워나가는 느낌이 좋다.

나에 대한 이해도가 높아졌다는 것은 내가 1인 기업가로 살아가는 데도 큰 도움이 되고 있다. 1인 기업가로 나아가다 보면 성장의 방향도 혼자 결정해야 하기에 그 성장의 속도 또한 더디게 느껴진다. 그러는 중에 SNS에서 들려오는 랜선 이웃들의 대단한 소식들이 나를 위축시키고, 불안하게 만들기도 한다. 그러나 나에 대한 이해도가 높아지면서, 남의 소식에 빠져 흔들리는 빈도도 줄어들었다. 한 번 흔들릴 때 타격을 받는 기간도 짧아졌다. '난 나야. 나는 내 목소리를 찾아갈 것이고, 나만의 속도가 있다. 난 내 삶을 살면 돼'하고 스스로에게 말해줄 수 있기 때문이다. 시간이 갈수록 내 내면의 목소리가 단단해지고 있다는 것을 느낀다.

나는 블럭식스 시스템을 통해 깊어져가는 '나에 대한 이해'로 시간 관리뿐만 아니라, 인간관계, 업무, 모든 면에서 더 나에게 맞는 행복한 선택을 할 수 있게 되었다.

2
소중한 기회를
붙잡는 용기

우리 삶에는 놓치지 않아야 할, 다시 돌아오지 않을 순간들이 있다. '대단한 성과를 냈다', '시간을 효율적으로 사용했다' 하는 것보다 중요한 것은 이런 순간이 왔음을 알아채고 놓치지 않는 것이 아닐까? 그 순간을 잡기 위해서는 용기가 필요하다. 나는 시간 관리를 통해 내가 어떤 삶을 원하는지 명확하게 알고, 과감하게 그 순간을 선택할 수 있는 용기를 가지게 되었다.

2020년 12월 30일. 제주도 여행을 즐기고 있던 밤, 동생에게서 전화 한 통이 걸려왔다. 건강검진을 받은 아빠께서 건강이 좋지 않다는 이야기가 수화기 너머로 들려왔다. 나는 직감했다. '아… 2021년은 좀 슬플 수도 있겠구나…'하고 말이다.

아빠는 정밀검진을 받고 다행히 통원 치료를 받고 계시다. 2~3개월에 한 번씩 서울에 와서 검진을 받는데, 3분 남짓 만나는 의사의 입에서 무슨 이야기를 들을지 매번 두렵다.

병원 진료를 기다리는 대기실에 앉자마자 아빠가 가방에서 꼬깃꼬깃한 메모지 몇 장을 꺼내 읽고 계셨다. 아빠 손에서 메모지를 빼내 무엇인지 살펴보니, '일은 다시 할 수 있는지, 괜찮아질 수 있는지' 의사에게 놓치지 않고 물어볼 질문들이 최대한 간결한 단어로 적혀 있었다. 한번에 적어 내려간 메모가 아니라, 연습장에 적고 문장을 다듬어 적은 메모였다. 우리 아빠는 이런 메모를 꼼꼼하게 적는 사람이 아니다. 그 문장들 속에서 희망이 담긴 말을 듣고 싶어 하는 아빠가 보였다. 나는 그 메모가 참 슬펐다.

진료를 끝내고 부산으로 가야 할 아빠를 다시 역에 모셔다드렸다. 그리고 엄마에게 전화해서 진료 결과를 상세히 전달드렸다. 나는 부모님과 통화든 영상통화든 참 자주 하는 편이다. 그러나 그냥 물리적으로 함께 있는 시간 자체가 그리웠다. 그리고 아빠에게도, 엄마에게도 그러한 시간이 지금 필요하다는 것을 직감적으로 느꼈다. 꼬깃꼬깃 메모를 적어온 아빠의 불안함에서, 내 이야기를 상세하게 받아 적는 수화기 너머의 엄마의 목소리에서 그냥 그것들이 느껴졌다. SRT를 타고 같이 내려가고 싶은 마음이 굴뚝같았으나 할 일이 많았다. 아빠를 보내드리고 마음이 내내 불편했다. 엄마에게도 전화로 충분히 설명한다고 했지만, 채워지지 않는 심리적 불안을 느낄 수 있었다. 눈을 보면서, 말을 하면서, 손을 잡으면서 시간을 함께 보내는 것만으로 잠재워지는 아픔들이 있다. 우리 가족에게는 그런 시간이 필요한 시점이었다.

아빠를 모셔다드리고 집에 돌아와 일을 하면서 불쑥불쑥 마음속에서 질문이 떠올랐다. '나의 우선순위는 가족 아니었어?', '퇴사해서 자유롭게 내 시간을 운용할 수 있는데도 이렇게 일만 하는 게 맞아?', '하필 지금 이 시점에 가족이 아니라 일 블록을 선택한 것에 후회하지 않겠어?'하고 말이다. 나는 내 마음속에서 튀어오르는 질문에 '응. 지금은 일해야 해'하고 대답할 수가 없었다. 나는 아주 급한 일만 처리하고 기차에 몸을 실었다. 1박 2일의 짧지만 진한 시간을 보내고 서울로 돌아왔고, 나는 두고두고 잘한 선택이라고 생각했다.

이런 순간이 내 인생에 이전에도 아마 있었을 것이다. '연차를 써도 될까?' 하며 망설이다 놓친 순간들이 있었다. 이제는 안다. 그러는 사이 내 인생의 중요한 순간 따위는 기록되지 않았음을 말이다. 그리고 연차를 쓰고 하루 이틀쯤 하고 싶은 것을 한다 해도 생각보다 아무 일도 일어나지 않음을 안다. '지금 연락해볼까?'하고 생각만 하다가 서서히 느슨해진 인연들도 있었을 것이다. 그리고 '지금 해볼까?' 하고 백 번 생각만 해보다 놓친 기회들도 있을 것이다.

이젠 오랜 친구가 오랜만에 연락이 오면 감사하다는 마음이 먼저 든다. 일상의 분주함을 잠시 뒤로하고, 나에게 연락하는 것을 선택해준 것이기 때문이다. '오랜만인데 서먹하지는 않을까?', '갑자기 바쁜데 연락하는 것은 아닐까?' 하는 여러 생각들이 분명 머리를 스쳤을 텐데도 통화 버튼을 눌러준 것에 정말 감사하다.

특히나 가족끼리는 더 감사하다. 참 이상하지만, 늘 보는 가족에게 감사와 사랑을 표현하는 데 남보다 훨씬 더 많은 용기가 필요하기 때문이다. 지금까지 내가 해왔던 '선택'에 대해 블로그 글을 쓴 적이 있다. 나는 그 글의 링크를 엄마에게 보내드렸는데, 정말 예상치 못하게 엄마에게 장문의 메시지를 받았다. 엄마는 요즘 장을 보면서도 '내가 뭘 사러 왔지?' 하고 잊어버리기 일쑤이고, 일상의 작은 결정도 점점 내리기 힘들어진다고 느끼는데, 인생의 중요한 결정들을 내리며 나아가는 내가 대견하다는 메시지였다. 핸드폰 타자를 치는 것보다 전화 통화를 더 편하게 생각하는 엄마가 장문의 카톡을 보냈다는 것, 그리고 한 줄 한 줄에 그간 표현하지 못했던 마음을 담았다는 것에 나는 왈칵 눈물이 쏟아졌다. 그날의 엄마의 용기가 내 인생에 중요한 순간으로 기록되었다.

내가 원하는 인생이 어떤 톤이길 바라는지, 나는 예전보다 더 잘 알아가고 있다. 그리고 그 방향으로 나아가기 위해 필요한 때, 필요한 것을 선택할 용기도 커져가고 있다. 그리고 다음과 같이 되뇌고 있다.

내 마음의 우선순위대로 사는 인생은 사치가 아니다.

그런 인생은 부자들에게만 있는 것이 아니며

우리는 그런 인생으로 스스로를 이끌 의무가 있다.

내가 무엇을 원하는지 알고, 그것을 선택할 작은 용기만 있으면 된다.

나는 내 주변의 사람들과 많이 웃고, 서로 위로하며,

곁에 있어 줄 수 있을 때 함께하는 것을 선택하는 용기를 낼 것이다.

나는 잠시의 오글거림보다 내 진심을 표현하는 용기를 가질 것이다.

내가 원하는 것을 하는 시간을 마련하기 위해 위임할 수 있는 용기를 가질 것

이다.

나는 애매한 태도로 적당한 노선을 취하는 것보다

명확하게 내 의견을 말하는 용기를 가질 것이다.

나는 용기 있는 사람이 될 것이다.

3

더 중요한 것을 선택하는 단호함

친구들의 저녁 술자리에서 당신은 중간에 자리를 뜨는 편인가? 아니면 끝까지 남아 있는 편인가? 나는 99% 후자였다. 100번의 술자리가 있었다면, 그중 내가 먼저 자리를 뜬 것은 손에 꼽힐 것이다.

내 대학교 친구 중에 이런 친구가 있었다. 한창 술자리가 재미있어지기 시작하는 9시쯤이 되면 친구는 가봐야 한다고 했다. 그때그때 이유는 달랐다. "가족들과 시간을 보내야 해", "오늘 일찍 들어가기로 약속했어", "오늘 운동 꼭 가야 해", "가서 할 게 있어" 등등 말이다. 그럴 때마다 "야, 나도 할 거 있어! 내일 하자!" 하며 그 친구를 항상 붙잡는 건 나였다. 그런데 그 친구는 항상 "진짜 가봐야 해"하고 자리를 떴다. 거절하기 어렵게 구석 자리에 그 친구를 앉히기도 하고, 더욱 달콤한 유혹으로 붙잡아도 봤지만, 내가 한 번도 이기는 경우는 없었던 것 같다. 나와는 너무도 다른 그 친구의 단호함에 '어디에서 나오는 힘일까?'하고 무척 궁금했다. 가족과의 약속, 스스로와의 약속을 지키는 뚝심이 신기했다. 그런데 얼마 전 오래전부터 궁금하던 그 친구의 단호함의 비밀이 풀렸다.

"어떻게 살고 싶어?"

"무엇을 하고 싶어?"

"그렇게 되려면 지금 무엇을 해야 해?"

"지금 그것을 하려면 무엇을 비워야 해?"

"그걸 비워내면서까지 이걸 하고 싶은 거지?"

나는 블럭식스 시스템과 함께하며 스스로 질문을 계속하면서 비로소 그 친구의 비밀을 알게 됐다. 그리고 어느 순간 나도 그 친구의 '단호함'을 닮아가고 있다는 것을 발견했다.

지금까지 나는 '싫은 소리를 못해서', '친구를 좋아해서' 거절하는 것이 어렵다고만 생각했다. 그런데 그건 진짜 이유가 아니었다. 내가 거절을 못했던 진짜 이유는 타인의 요청을 거절하기 이전에, 내가 나를 설득하지 못했기 때문이었다. '지금 그것보다는 이것을 먼저 해야만 해! 왜냐하면… '이란 질문에 대답하지 못했다.

예를 들어보자. 친구가 "주말에 영화 보러 가자"고 하는데, 그 순간

'아… 이번 주 너무 바빠서 전혀 나만의 시간이 없었고 좀 쉬고 싶긴 한데…'라는 생각이 스쳤다고 해보자. 그러나 거절하면 친구가 속상해할 것 같아서 "응, 그래!"하고 말해버렸다. 말하고 나서도 찜찜한 기분이다. 그런데 이런 상황을 가정해보면 어떨까? 일주일 뒤 중요한 시험을 앞두고 있다거나, 부모님이 몸살이 나셔서 집에서 돌봐드려야 하는 상황이다. 똑같이 친구가 "주말에 영화 보러 가자"라고 했을 때, 친구가 거절하면 속상해할까봐 똑같이 "응, 그래!"라고 대답할까? 그런 사람은 거의 없을 것이다. 친구의 약속에 응하지 못하는 명확한 이유가 있고, 그 이유 때문에 친구에게 미안하다고 말하는 것이 스스로 납득되기에 친구의 요청을 거절할 수 있게 되는 것이다.

내 스케줄을 나 스스로에게 설득시키는 과정. 플래너를 들여다보는 시간이 나에게는 그런 시간이었다. 나의 우선순위에 대해 온전히 납득이 되다 보니, 그 친구에게는 있고 나에게는 없던 '단호함'이라는 것이 나에게도 생겨나기 시작한 것이다. 이 단호함이란 타인에 대한 단호함이 아니라 나에 대한 단호함이다. 타인의 요청에 어물대는 나에게 단호한 태도를 보이게 되었고, 게으름에 쉽게 무너졌던 나에게도 좀 더 단호하게 대처할 수 있게 되었다. 이 단호함을 통해 나는 내가 진짜로 원하는 것에 시간을 충분히 내어줄 수 있게 되었다.

4
설레는 '열린 결말'을 가지다

2012년 응급실에서 2교대 근무로 일했을 당시 체력적으로도, 심리적으로도 나는 번아웃 상태였다. 그때 2년 연속으로 나는 이런 생각을 가지고 있었던 것 같다. '새해 계획을 세워 봐야 뭐해. 지켜지지도 않는 걸. 이젠 한 해가 시작된다는 것이 별로 기대되지 않아'하고 말이다.

지켜질지, 말지와 상관없이 매해 계획을 세우는 시간 자체에 행복을 느끼던 내가 그 즐거움조차 무의미하게 여기던 때가 있었다. 하루를 계획하고, 돌아보는 시간 따위는 당연히 가지지 않았고, 그러다 보니 내 안의 목소리를 들을 기회가 없었다. 나의 내면이 얼마나 병들고 있는지 세심하게 들여다보지 못하고, 그냥 덮어둔 채 회피했다. 풀리지 않고 쌓이기만 하는 스트레스는 여행과 쇼핑으로 해결했다. 마치우는 아이에게 사탕 하나 쥐어주듯 말이다.

그랬던 내가 요즘은 인생 어느 때보다도 꿈에 대해 더 자주, 적극적으로, 생생하게 생각하는 하루하루를 보내고 있다. 작은 목표를 성취하는 횟수가 늘어났고, 그 작은 성취들이 또 다른 목표를 세우는 것으로 이어졌다. 별것 아닌 이런 것들이다. '오늘은 꼭 1만 보를 걸어야지!' 하는 소소한 목표였고 이것을 의지대로 해내는 날이 많아졌다. 이 작은 목표는 '3km를 달려볼까?' 하는 목표로 이어졌다. '오늘은 시간 관리 노하우에 대한 블로그 글 하나를 써야지' 하는 작은 성취가 '실질적인 도움을 줄 수 있는 나만의 시간 관리 온라인 강의를 런칭해야지!' 하는 목표 설정으로 이어지고 있다.

블럭식스 시스템을 내 삶에 들이면서 일주일 42블럭을 내 인생의 축소판이라 여기며 세심하게 계획했다. 하고 싶은 것을 하면서 살기 위해 일주일 동안 무엇을 하고 누구와 함께할 것인지를 늘 생각할 수 있었다. 그리고 하루하루 내가 원한 6블럭을 열심히 살기 위해 노력했고, 일주일·한 달을 점검하며 그것으로부터 얻은 교훈을 적용해서 더 좋은 계획을 세웠다.

이 작은 사이클은 처음에는 표가 나지 않았지만, 점점 눈덩이처럼 커져 내 인생에 눈에 보이는 변화들을 가져왔다. 예전에는 '이게 가능할까?' 또는 '언젠가는…' 정도로 막연하게 생각했던 삶이 이미 현실로 이루어져 있었다. 퇴사 전부터 '간호사는 왜 자기 이름을 걸고 일하지 못하는 거지? 나도 내 이름을 걸고 일하고 싶어'라고 생각했던 것이 지금은 현실이 되었다. 내가 아플 때나 가족이 아플 때도 눈치 보면서 연차를 써야 했는데, 그때 '가족이 아프면 언제든지 내 시간을 낼 수 있게 되고 싶어'라고 생각했던 것도 지금은 현실이 되었다. 아빠의 병원 일정에 마음 편히 동행할 수 있음에 감사하다. 그리고 1년 전만 해도 책을 내는 것 또한 내 인생에서 '언젠가'의 영역에 있었다. 지금 당신이 이 책을 읽고 있으니, 나는 이 막연한 꿈 또한 현실화 시킨 것이다.

이런 경험을 통해 나는 내가 원하는 삶은 무엇이든 가능하다는 자신감을 가지게 되었다. 말로만 '할 수 있어!'가 아니라, 진짜 가능하다는 것을 믿게 되었다. 내 삶의 방향성을 내가 설계하고 이끌 수 있다는 것을 지속적인 경험을 통해 알게 된 것이다. 그리고 이 경험의 횟수는 지금도 쌓이고 있고, 앞으로 더 강화될 것이다.

내 인생의 가능성이 내가 원하는 방향으로 열려 있다는 믿음. 이것은 나를 상당히 자유롭게 만들어주었다. 나를 더 잘 알게 되기 전에는 세상 사람들이 생각하는 '평균'이라는 것을 참 많이 참고했다. '보통 다 그렇게 살잖아!'라는 말, '보통을 유지하는 것도 진짜 어려운 거야'라는 말에 갇혀 있었다. 좋은 대학 나와서 좋은 직장에 다니고 나이에 맞추어 결혼하는 것과 같은 사고방식 안에서 생각하고, 결정했다. 지금은 '보통 사람들', '대개', '평균적으로'라는 것이 나에게는 그다지 의미를 가지지 못하는 것이 되었다. 그게 진짜 평균적인 것인지도 알 수 없을뿐더러, 그것은 평균일 뿐 내가 아니기 때문이다.

1인 기업가로 발돋움할 수 있었던 것도 내 목소리를 더 자주 듣고, 내가 중요시하는 것을 알게 되면서 원하는 것을 선택할 수 있는 용기로 얻은 결과이다. 이런 경험 하나하나가 쌓여 나는 점점 사회의 고정관념이나 사람들의 평가에서 자유로워지고 있다.

대표적인 예로, '미니멀리스트'에 대해 이야기하고 싶다. 처음에는 이 타이틀 안에 나를 맞추려고 했을 때 상당히 괴로웠다. '이게 미니멀라이프다운 결정이 맞나?', '나는 정말로 미니멀리스트가 되고 싶은 거야?' 같은 질문을 하며 고정적인 틀 속에서 자유롭지 못했다. 하지만 나는 나와 대화하는 시간을 통해 이 단어가 지닌 이미지가 아닌 본질을 깨닫게 되었다. 즉 미니멀라이프의 본질은 '얼마나 가지지 않았는가?'가 아니라 '내 삶에서 불필요한 것을 알고, 제외시킬 용기가 있는가? 그리고 진짜 내 삶에서 소중한 것들을 볼 수 있는 혜안이 있는가?'라는 것이었다. 이것을 깨닫고 나는 더 이상 한 단어가 가지는 고정적 이미지에 갇히지 않게 되었다. '미니멀리스트'라는 단어는 나에게 아주 소중한 삶의 교훈을 주었다. 그러나 그 이상, 그 이하도 아닌 것이다. 아무리 좋은 개념이라도, 하나의 개념이 나의 인생보다 더 클 수는 없다.

'~주의(~ism)' 라는 단어 하나보다, 내 인생이 훨씬 더 큰 존재임을 기억하자.

직업이 주는 이미지와 역할보다, 내 인생이 훨씬 더 광범위한 존재임을 기억하자.

나는 오직 하나뿐인 존재이며 지금까지 세상이 정해온 한계가 내 한계를 말하는 것은 아님을 기억하자.

나는 아직 젊고, 아직 50년 넘게 더 일할 수 있다고 생각하니 너무 기대가 된다. '룩말 님의 최종 목표가 무엇인가요?' 하는 질문을 받을 때가 있다. 나도 모른다. 열린 결말이다. 불안보다는 기대감이 더 큰 열린 결말이다.

블럭식스 시스템을 통해 시간을 선택하며 작은 목표를 꾸준히 성취해가면서, 열정적이다가도 지치기도 하는 나의 에너지 곡선을 잘 이해하면서, 계속 나는 나날이 성장해나갈 것이다. 내 마음이 시키는 방향으로 주도적으로 나아갈 것이다.

내가 나를 신뢰하고, 내 결정에 힘을 실어주는 것. 이것이 내가 시간 관리를 하며 얻은 가장 큰 성과이다.

책을 쓰면서 한 챕터 한 챕터에 나의 소망을 담았다. 부디 이 책을 읽는 분들이 자신의 삶의 밸런스를 찾아서 몰입할 때와 비울 때를 아는 지혜를 얻을 수 있기를 바란다.

코로나19로 오프라인에서 이루어지던 많은 것들이 온라인으로 바뀌었다. 처음에는 어색했지만 이제는 언제, 어디서든 회의를 하고, 강의를 들을 수 있는 환경이 편하게 느껴진다. 그러나 이 편리함 때문에 우리는 더 바빠지기도 했다. 밤 12시까지 강의를 들어도 지하철이 끊어질까봐 걱정하지 않게 되어 더 많은 시간 동안 무언가를 하게 되어버렸다. 인풋(in-put)이 필요할 때는 적극적으로 해야겠지만, 그러나 항상 이것만은 기억했으면 한다. 나에게 주어진 소중한 시간 블럭에 지금 하는 이것을 선택하는 이유에 대해서 말이다. 이것을 선택함으로써 내려놓아야 하는 가치에 대해서도 잊지 말아야 한다.

하루를 시간 단위와 분 단위로 나누어서 썼을 때, 나는 내가 추구하고자 하는 가치를 잘 볼 수 없었다. 그래서 늘 외부 자극과 내면의 충동에 이끌리는 삶을 살았다. 그때 당시에는 모든 결정을 내가 했다고 생각했지만 알고 보면 그렇지 않았다. 나도 모르는 흐름에 휩쓸려 수동적인 선택을 했을 따름이었다.

그러다 하루를 단 6블럭으로 나누고 계획하고 실천하고 점검하는 사이클을 반복하면서 나는 내가 원하는 것을 더 분명히 알게 되었고, 그 방향으로 나 자신을 이끌 힘이 생겼다. 그리고 이것을 오랜 시간 동안 꾸준히 해오고 있다. 퇴사를 한다는 것은 인생의 불확실성이 더 커진다는 의미지만, 나는 회사를 다닐 때보다 지금 더 나아갈 방향성이 또렷해진 것을 느낀다. 그리고 잠시 안개가 끼어 한 치 앞이 안 보이는 상황을 마주하더라도 당황하지 않고, 차분히 앉아 내가 갈 방향을 다시 설정할 여유와 힘이 커지고 있음을 느낀다.

시간 관리 자체는 중요한 것이 아니다. 시간 관리를 통해 우리가 어떤 삶을 살고 싶은지를 잊지 않는 것이 중요하다. 그 방향으로 우리를 이끌고 가는 수단 중 하나가 시간 관리, 플래너 쓰기일 뿐이다. '쓸데없는 것 줄이고, 하고 싶은 것 하자'는 이 모든 것을 담은 슬로건이다. 그저 바쁜 인생으로 삶을 허비하지 않기를 바란다. 또, 진짜 당신이 원하는 것을 하며 짜릿함을 맛보는 인생을 살아가길 바란다.

'쏠·줄·하·하'를 통해 내가 변했고, 200여 명의 타임블럭크루들이 변했다. 우리는 적당히 재미있는 것들보다 진짜 내 인생에 본질적인 행복을 가져다주는 것을 발견했고, 거기에 집중할 수 있게 되었다. 단 1년이 채 되지 않는 짧은 시간에 인생의 드라마틱한 변화를 겪고 있는 크루들도 있다. 내가 확신을 가지고 한 권의 책으로 엮을 수 있었던 것도 블럭식스 시스템을 통해 매일 성장하고 있는 우리 타임블럭크루가 있었기 때문이다. 다양한 연령, 성별, 직업, 라이프스타일의 크루들이 각각의 삶에 블럭식스 시스템을 잘 적용해서 성장하는 것을 목격했다. 모두 타임블럭크루 덕분이다. 우리 타임블럭크루 여러분들께 정말 감사하다는 말을 전한다.

모두와 타임블럭크루로 함께하는 것은 현실적으로 어려울 수도 있기에 이 책을 쓰기 시작했다. 그동안 강연과 글을 통해 밝힌 '블럭식스 시간 관리 시스템'의 개념에 대해 더욱 체계적으로 설명하고자 노력했고, 시간 관리 노하우를 농축하여 깊이 있게 다루고자 했다.

그리고 이 책을 읽는 독자 누구나 바로 자신의 삶에 적용할 수 있도록 최대한 쉽게 쓰려고 노력했다. 그러나 실전에 이를 적용하다 보면 궁금한 점이 생길 것이다. 그때는 '룩말' 유튜브를 통해 질문을 해주길 바란다. 콘텐츠를 통해 궁금증을 해결해드리고자 한다. 단순히 책에서 끝나는 것이 아니라 꾸준히 당신의 성장을 도울 수 있도록 하겠다.

그저 바쁜 인생이 아닌, 진짜 내가 하고 싶은 것들을 선택하는 삶! 당신의 짜릿한 삶을 응원하면서 이 글을 마친다.

"쓸데없는 것 줄이고! 하고 싶은 것 하자!"

시간을 선택하는 기술
블럭식스

1판 1쇄 발행 | 2021년 11월 19일
1판 4쇄 발행 | 2023년 12월 14일

지은이 정지하
펴낸이 김기옥

경제경영팀장 모민원 기획 편집 변호이, 박지선
커뮤니케이션 플래너 박진모
경영지원 고광현, 임민진
제작 김형식

디자인 푸른나무디자인
인쇄·제본 민언프린텍

펴낸곳 한스미디어(한즈미디어(주))
주소 04037 서울특별시 마포구 양화로 11길 13(서교동, 강원빌딩 5층)
전화 02-707-0337 | 팩스 02-707-0198 | 홈페이지 www.hansmedia.com
출판신고번호 제 313-2003-227호 | 신고일자 2003년 6월 25일

ISBN 979-11-6007-757-5   04330
      979-11-6007-756-8   04330(세트)